Mein gesunder
Rhodesian Ridgeback

Ann Chamberlain

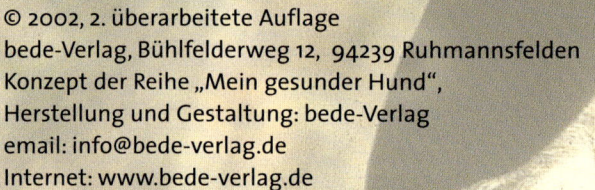

© 2002, 2. überarbeitete Auflage
bede-Verlag, Bühlfelderweg 12, 94239 Ruhmannsfelden
Konzept der Reihe „Mein gesunder Hund",
Herstellung und Gestaltung: bede-Verlag
email: info@bede-verlag.de
Internet: www.bede-verlag.de

Für die fachliche Durchsicht bedanken wir uns sehr herzlich bei Frau Anne Müller,
Zuchtwartin der „Deutschen Züchtergemeinschaft Rhodesian Ridgeback e. V." und
Besitzerin des Rhodesian Ridgeback Zwingers „Umvuma" in Helvesiek

Unser besonderer Dank gilt ferner Silvia und Holger Dilk, Karin van Klaveren und Anne
Müller, die uns eine Vielzahl ihrer Rhodesian Ridgeback Fotos zur Verfügung stellten
und damit einen wesentlichen Beitrag dazu geleistet haben, dass dieses Buch so
wunderbar bebildert werden konnte.

Herrn Dr. Malte Appelius, Ahaus, danken wir herzlich für die während einer Dermoid
Sinus Operation angefertigten Bilder.

Fotonachweis: Dr. Malte Appelius, Silvia und Holger Dilk, Isabelle Francais,
Karin van Klaveren vom Rhodesian Ridgeback Zwinger „Kisangani" in Holzwickede
und Anne Müller vom Rhodesian Ridgeback Zwinger „Umvuma" in Helvesiek

Redaktionelle Bearbeitung: Dominik Kieselbach

ISBN 3-933 646-74-X
bede-Bestellnummer MG 021

Inhalt

wendige Erziehung bis hin zu einer gesundheitsbewussten Ernährung. Im Vergleich zu anderen Büchern stehen hier nicht die Mythen um die Ridgebacks, ihre Zucht oder Entstehungsgeschichte im Vordergrund. Wir gehen vor allem auf die Gesundheitsvorsorge ein, die für Sie als Hundehalter wichtig ist. Wir wollen Ihnen all das Wissen an die Hand geben, das Sie benötigen, um Krankheiten frühzeitig zu

Der Rhodesian Ridgeback ist ein Energiebündel und Kraftpaket, bei dem jede Köperfaser aus reinen Muskeln besteht. Seine Beliebheit nimmt weltweit ständig zu. Wir können den Ridgeback auch hierzulande immer häufiger sehen.
Foto. I. Francais

Der Rhodesian Ridgeback ist die zur Zeit einzige von der F.C.I. anerkannte Rasse aus Südafrika. Die Spuren der bei uns auch als Löwenhunde bekannten Ridgebacks führen uns zu den Hunden der Khoi-Khoin. Die ersten europäischen Siedler kreuzten ihre Hunde mit den sehr leistungsfähigen und zumeist einen Ridge-tragenden Hunden der Einheimischen einzig mit dem Ziel, gute Jagdhunde zu züchten. Der Ridge wurde dominant vererbt und so erbten ihn die meisten Nachkommen dieser Kreuzungen. Viele Sagen umweben diese Hunderasse mit ihrer auffälligen Haarstruktur auf dem Rücken. Dieses Buch gibt Ihnen viele Ratschläge von der richtigen Auswahl, über die not-

erkennen, das Verhalten Ihres Rhodesian Ridgeback richtig einzuschätzen und ihm ein langes und gesundes Leben zu ermöglichen. Dazu gehört neben einem rassespezifischen Teil über die häufigsten Krankheiten auch ein eigenes Kapitel zur Ersten Hilfe, mit dem Sie sich und Ihren Hund schon frühzeitig vertraut machen sollten. Rhodesian Ridgebacks sind durch eine vernünftige Zuchtauswahl eine sehr gesunde Rasse, doch haben auch sie ihre rassetypischen Gesundheitsprobleme, die sich nie ganz ausschließen lassen und mit deren Symptomatik Sie sich befassen sollten. Dieses Buch soll nicht den Tierarztbesuch ersetzen, es soll Sie sensibel für die Gesundheitsvorsorge machen.

Wie bei so vielen Hunderassen liegt auch beim Rhodesian Ridgeback der Ursprung der Rasse im Dunkeln. Genauere Aufzeichnungen existieren erst seit dem neunzehnten Jahrhundert. Frühere Erwähnungen von Hunden mit der auffälligen Haarstruktur auf dem Rücken sind nur sehr spärlich vorhanden und geben letztlich keine genaue Auskunft über ihren genauen Ursprung.
Foto: I. Francais

Wenn wir uns die Aufgabe setzen, die Entstehungsgeschichte des Rhodesian Ridgeback zu ergründen, müssen wir uns zunächst fragen, wonach und wo wir suchen sollten. Der Rhodesian Ridgeback trägt in seinem Namen schon zwei Hinweise auf seinen möglichen Ursprung, die zugleich zwei seiner Besonderheiten darstellen. Zum einen ist er eine der wenigen Hunderassen, die aus Afrika kommt. Rhodesian ist der alte Name des heutigen Zimbabwe. Zum anderen trägt er als weiteres, sehr seltenes Merkmal einen sogenannten Ridge auf dem Rücken. Der Ridge ist ein etwa 5 cm breiter Fellstreifen entlang der Wirbelsäule. Das Fell wächst hier nicht wie am übrigen Körper von den Schultern zum Becken, sondern genau entgegengesetzt.

Wenn wir den Ursprung und die Entstehungsgeschichte des Rhodesian Ridgeback verfolgen wollen, müssen wir uns zum einen auf die Suche nach Hunden mit dem Charakteristikum „Ridge" machen, zum anderen begeben wir uns auf die Spurensuche nach Afrika und erkunden die Geschichte der einheimischen Völker, Siedler und deren Hunde.

Erste Berichte portugiesischer Seefahrer über Hunde mit Ridge im südlichen Afrika datieren aus dem späten 15. Jahrhundert. Sie beschreiben Hunde, die sich mutig und ungezähmt wilden Raubtieren entgegenstellten. Ihre Besitzer, die in Südafrika nomadisierenden und Großviehzucht betreibenden Khoi-Khoin, sind umgangssprachlich besser als „Hottentotten" bekannt, wie sie von den ersten weißen Siedlern genannt wurden, da diesen die Sprache der Einheimischen wie

Der Rhodesian Ridgeback hat seinen Ursprung vermutlich in Afrika, wo seine Vofahren, die Hunde der Khoi-Khoin, mit den mitgebrachten Hunden der weißen Kolonialisten gekreuzt wurden.
Foto I. Francais

ein Stottern vorkam. Die Bezeichnung „Hottentotten" leitet sich von dem holländischen Wort „hotentots" für „Stotterer" ab. Die Hunde werden noch heute in der Literatur oft als „Hottentotten-Hunde" bezeichnet.

Der genaue Ursprung sowohl der Khoi-Khoin, als auch ihrer Hunde ist leider nicht endgültig zu klären. Man vermutet, dass die Khoi-Khoin aus Asien nach Afrika eingewandert sind. Ferner nimmt man an, dass sie die Ridge-tragenden Hunde nicht aus Asien mitbrachten, sondern sie in Afrika vorfanden. Bemerkenswert in diesem Zusammenhang ist, dass es in Asien eine Insel gibt, auf der es Hunde mit Ridge gab und mit dem Thai Ridgeback immer noch gibt. Diese Insel, Phu Quôc, gehört zu Vietnam und liegt vor der Südküste Kambodschas im Golf von Thailand. Vermutlich sind die Hunde der Khoi-Khoin von Seefahrern aus Afrika nach Phu Quôc gebracht worden. Ein Austausch in umgekehrter Richtung hat wahrscheinlich nicht stattgefunden.

Präziser und ausführlicher werden die Informationen mit dem Eintreffen der ersten europäischen Siedler Mitte des siebzehnten Jahrhunderts. Vor allem Niederländer und Rheinländer siedelten sich zu dieser Zeit in Kapland an. Ihre Nachfahren nannten sich Boers oder auch Boeren, das niederländische Wort für Bauern. Wir kennen sie im Deutschen als Buren. Mit den ersten weißen Siedlern kamen auch ihre Hunde nach Südafrika. Wir wissen, dass die europäischen Hunde größtenteils nicht gut mit dem afrikanischen Klima zurecht kamen. Es kam jedoch schon früh zu ersten zufälligen Paarungen zwischen den einheimischen Hunden und denen der Siedler. Die einheimischen Hunde und die Nachkommen der Paarungen mit den mitgebrachten Hunden waren ausdauernd und mutig im Kampf gegen Raubtiere. Sie kamen gut mit dem Klima dieser Region zurecht. Die Hunde wurden zu vielen verschiedenen Zwecken eingesetzt. Sie begleiteten die Jäger, bewachten das Haus, passten aber auch auf die Viehherden auf.

Denken Sie dran!

Jede Hunderasse hat ihre ganz eigene Entstehungsgeschichte mit eigenen Zuchtzielen. Diese Zuchtziele prägten zu Zeiten, als von Rassehunden noch nicht gesprochen wurde, den Charakter und den Körperbau dieser Hunde und prägen ihn bis heute. Die Entstehungsgeschichte einer Rasse zu kennen, bedeutet, ihre Bedürfnisse besser zu verstehen.

Viele dieser Hunde trugen als auffälliges Merkmal einen Ridge auf dem Rücken, sicher aber nicht alle. Auffällig war, dass der Ridge sich auch bei vielen Nachkommen aus Paarungen mit europäischen Hunde zeigte. Es scheint sich um ein dominant vererbtes Merkmal zu handeln. Die europäischen Siedler hatten zu dieser Zeit andere Sorgen als das Aussehen ihrer Hunde. Wir müssen annehmen, dass die Hunde nicht nach ihrer Schönheit ausgewählt wurden, sondern nach ihrer Gebrauchseignung. Dabei war

die Selektion äußerst gnadenlos, denn die Hunde, die nicht zur Jagd geeignet waren, wurden von Jägern zu Gejagten und schließlich zu Opfern des Wilds und der Löwen. Sie schieden so auf völlig natürliche Weise von jeder weiteren Zucht aus. Es vermehrten sich auf Dauer nur die Hunde, die bei der Jagd überlebten. Dabei war es nicht die Aufgabe der Hunde, mit dem gejagte Tier zu kämpfen oder es gar zu töten. Der Hund sollte es nur solange stellen, bis der Jäger an Ort und Stelle war. Bei uns ist der Ridgeback auch als „Löwenhund" bekannt. Tatsächlich war sein Einsatz für die Jagd auf Löwen spektakulär. Hierfür brauchte er nicht nur eine Menge Mut, sondern musste es auch verstehen, den König der Tiere mit enormer Wendigkeit

so zu stellen, dass dieser ihm selbst nicht gefährlich werden konnte. Kein Ridgeback wäre so unvernünftig, seine Kräfte mit einem Löwen messen zu wollen und kein rassetypischer Ridgeback hat wohl jemals mit einem Löwen gekämpft. Es waren seine Qualitäten als Jagdhund, mit denen er einiges Aufsehen bis über die Grenzen Südafrikas erregte. Die ersten Ridgebacks kamen erst im späten 19. Jahrhundert nach Rhodesian, das heute besser unter dem afrikanischen Namen Zimbabwe bekannt ist. Überraschender Weise war es kein Jäger, sondern der weit umher reisende Missionar Reverend Charles Helm, der zwei dieser Ridge-tragenden Hunde aus Südafrika in seine Heimat mitbrachte. Er hatte in Rhodesian eine kleine Mission, die Anlaufstelle für Reisende und Hilfesuchende war und eines Tages auch von dem schon damals bekannten Großwildjäger Cornelius van Rooyen besucht wurde. Dieser war von Helms Ridgebacks und ihren jagdlichen Fähigkeiten derart angetan, dass er sie für seine eigene Zucht auslieh. Es ist leider nicht überliefert, welche Hunde genau mit diesen Ridgebacks und später mit den Nachkommen gekreuzt wurden. Wir wissen nur, dass neben doggenartigen Hunden, Bloodhounds und Pointern, auch verschiedene europäische Jagdhunde, vorranging aus van Rooyens eigener Meute, in diese ersten Züchtungen eingeflossen sind. Die ersteren, um diesem erstklassigen, aber kleinen Hund größer zu machen, die

Denken Sie dran!

Wie bei so vielen Rassen, die sich einer wachsenden Beliebtheit erfreuen, muss an dieser Stelle auch auf schwarze Schafe hingewiesen werden, die außerhalb der VDH-Vereine Hunde nicht züchten, sondern gewissenlos vermehren. Mit den meist unter widrigsten Umständen gezeugten und geborenen Welpen versuchen sie, ein gutes Geschäft zu machen. In den seltensten Fällen werden Sie bei solch einem Züchter einen körperlich und charakterlich gesunden Ridgeback erwerben. Deshalb schon hier der Ratschlag: Kaufen Sie Ihren Rhodesian Ridgeback nur bei einem seriösen Züchter, der Mitglied in einem der genannten Vereine ist.

letzteren, um seine Jagdhundeignung weiter zu verbessern. Auch van Rooyen züchtete seine Hunde nicht nach äußerlichen Aspekten, seine Bestrebungen gingen einzig dahin, einen gebrauchstüchtigen Jagdhund für die Großwild- und Löwenjagd zu züchten. Es ist alleine dem dominanten Erbgang des Ridge zuzuschreiben, dass viele Nachkommen dieser Paarungen einen Ridge aufwiesen. Die Bekanntheit van Rooyens als erfolgreichen Jäger führte schnell zu einer großen Nachfrage nach seinen Hunden. Er stand zu dieser Zeit so sehr im Mittelpunkt dieser Zucht, dass die Hunde als „Van Rooyen-Hunde" bekannt wurden. Es sind vor allem diese Hunde, die den Grundstock für die heutige Rhodesian Ridgeback Zucht gebildet haben.

Mswati`s Nala, ein wunderschöner Ridgeback, der den Stolz und das Selbstbewusstsein ausstrahlt, das die Rasse so interessant macht.
Foto: Karin van Klaveren

Der Weg zum Rassehund war mit der zunehmenden Bekanntheit der Hunde geebnet, doch braucht es immer eines Fürsprechers und einer Lobby, um einen bestimmten Hundeschlag durch organisierte, züchterische Aktivitäten zu einer klar abzugrenzenden Rasse mit verbindlichem Standard zu machen. Diesen Fürsprecher fanden die Ridgebacks in Francis Richard Barnes, der 1915 begann, unter dem Zwingernamen „Eskdale" den Rhodesian Ridgeback reinzuzüchten. Im Jahr 1922 gründete Barnes mit einigen anderen Züchtern den „Rhodesian Ridgeback Club" in Bulayawo, der Ort im Südwesten Rhodesians, in dem er wohnte und auch sein Zwinger ansässig war. Zugleich wurde ein Standard auf der Grundlage des damals gültigen Dalmatinerstandards geschaffen, bei dessen Erarbeitung Barnes sowohl C. H. Edmonds, als auch B. W. Durham zur Seite standen. Bereits zwei Jahre später wurde dieser Standard und somit der Rhodesian Ridgeback als eigene Rasse von der South African Kennel Union anerkannt.

Die ersten Züchtungen und belegbaren Zuchtbucheintragungen des Rhodesian Ridgeback in Europa fanden in Großbritannien ab 1928 statt. Nach Deutschland kamen nur vereinzelt Hunde und es dauerte noch rund 50 Jahre, bis hier der erste Wurf mit gesicherter Abstammung regis-

triert wurde. Die Züchterin war Frau Anne Müller aus Helvesiek unter dem Zwingernamen „Umvuma", die heute der „Deutschen Züchtergemeinschaft Rhodesian Ridgeback e. V." (DZRR) angehört. Neben diesem mitgliederstärksten Club gibt es derzeit in Deutschland noch zwei weitere Vereine, die dem VDH (Verband für das Deutsche Hundewesen e. V.) angehören, dem größten Dachverband der Hundezüchter. Der älteste Verein ist der „Rhodesian Ridgeback Club Deutschland e. V." (RRCD), daneben gibt es noch den „Rhodesian Ridgeback Jagdhundverein e. V."

Die Welpenstatistik des VDH zählte Mitte der 1990er Jahre immer knapp über 400 Welpen. Gegen Ende des vorigen Jahrhunderts stieg die Zahl im Schnitt auf über 650 Welpen! Entgegen dem allgemeinen Rückgang der Welpenzahlen wurden auch im Jahr 2000 wieder 620 Welpen eingetragen!

Der Rhodesian Ridgeback hat den Sprung nach Deutschland wohl endgültig geschafft!

Erst im Jahr 1928 hat der Rhodesian Ridgeback seinen Weg nach Europa gefunden und wurde hier zunächst in England gezüchtet.
Foto: Karin van Klaveren

Wenn wir uns heute einen typischen, dem Standard entsprechenden Rhodesian Ridgeback anschauen, dann hat dieser Hund schon allein von seiner äußeren Erscheinung her nicht mehr viel mit seinen Vorfahren, den Hunden der Khoi-Khoin gemein. Woran liegt das? Zum einen haben wir erfahren, dass die Hunde der Khoi-Khoin mit verschiedenen europäischen Hunden der weißen Siedler gekreuzt wurden, zum anderen bedeutet eine Rassehundezucht neben der Auswahl nach gesundheitlichen, charakterlichen und gebrauchsfähigen Merkmalen auch immer eine Auswahl nach Äußerlichkeiten. Als im neunzehnten Jahrhundert und zu Beginn des zwan-zigsten Jahrhunderts Ridgebacks allein nach ihrer Gebrauchsfähigkeit vor allem als Jagd- und auch Wachhund gezüchtet wurden, war ihr Aussehen breiter gestreut, als dies der Standard des Rhodesian Ridgeback heute erlaubt. Die Hunde variierten in Fell, Farbe, Größe und Statur. Sie wurden zur Zucht verwandt, wenn sie die gewünschten Gebrauchseigenschaften aufwiesen. Es war die Aufgabe der ersten Züchter zu definieren, wie der ideale Rhodesian Ridgeback aussieht. Mit dem Standard wird ein idealisiertes Gesamtbild beschrieben, dem die zur Zucht zugelassenen Hunde in einem möglichst großen Maß entsprechen sollen, ohne dass sie jeden einzelnen Punkt erfüllen müssen. Können die Körpermaße

Ein herrlicher Ridgeback aus dem Zwinger „Kisangani". Der Ridgeback muss in seinem Körperbau den schwierigen Grat zwischen der Eleganz und Wendigkeit eines Windhundes und der Kraft und Ausdauer eines Großwildjägers meistern.
Foto: Karin van Klaveren

noch gut in bestehenden Größenordnungen und für jeden messbar angegeben werden, finden wir bald heraus, dass die Beschreibung der charakterlichen Merkmale äußerst difizil ist. Wir tun uns schon schwer daran, den Charakter unserer engsten Freunde in Worte zu fassen, da wird es bei einer Standardbeschreibung für eine Rasse nicht einfacher. Wich-

> ## Denken Sie dran!
> Die Entscheidung für eine bestimmte Rasse darf nicht auf Äußerlichkeiten begründet sein, wichtig ist der Charakter des Hunds und ob er zu Ihnen passt. Dabei spielt das unterschiedliche Temperament der Rassen eine entscheidende Rolle, denn auch Ihre persönliche Aktivität sollte der Ihres Hunds entsprechen.

tig ist es, sich anhand des geschriebenen Standards ein Bild von der Rasse und ihrer Eigenschaften machen zu können. In diesem Buch gehen wir nicht auf die Ausstellungshunde und perfekten Vertreter einer Rasse ein, sondern stellen die Gesundheitsvorsorge in den Vordergrund. Aus diesem Grund schauen wir nur ausschnittsweise auf den Standard und geben ihn leicht kommentiert wieder. Den exakten Standard erhalten Sie von jedem Rhodesian Ridgeback Club meist kostenlos aus dem Internet oder gegen eine kleine Schutzgebühr auch gerne zugesandt.

Der Charakter des Rhodesian Ridgeback

Der Standard beschreibt den Rhodesian Ridgeback als einen „erhabenen, intelligenten Hund, der Fremden gegenüber zurückhaltend ist, jedoch keine Anzeichen von Aggressivität oder Scheu zeigt." Besonders der letzte Teil beschreibt das Wesen des Rhodesian Ridgeback sehr gut. Er drückt die Selbstsicherheit und die Verbundenheit zur eigenen Familie aus, wie sie diese Hunde besitzen. Sie stürmen nicht auf jeden Menschen los und begrüßen ihn, als wäre es ein nach Jahren zurückgekehrter Freund. Wer in Hunden bisher eine Meute schwanzwedelnder Vierbeiner sah, die nicht so genau zwischen Herrchen und Fremden unterschieden, wird hier eines Besseren belehrt. Es ist diese Selbstsicherheit, die ihn frei von Aggressivität und Scheue sein lässt. Er ist sich selbst und seiner Sache sicher. Hierbei hilft ihm sein oftmals zitierter sechster Sinn, mit dem er Situationen richtig einzuschätzen weiß. Diese Hunde scheinen Gefahren immer etwas früher zu wittern, als sie eigentlich könnten. Eine Veranlagung, die sehr auf ihre Ursprünglichkeit zurückgeführt wird und nicht mit einer auch beschriebenen Sensibilität in Form von Empfindlichkeit verwechselt werden darf, die so bei einem gesunden Rhodesian Ridgeback nicht existieren soll. Werden vereinzelt schüchterne Rhodesian Ridgebacks gesehen, so sind sie zumeist das Resultat einer falschen Erziehung und Sozialisation.
Die Geschichte des Ridgeback gibt uns Hinweise, auf welche Charakterzüge und Besonderheiten wir uns bei diesen Hun-

den einzustellen haben. Die schon beschriebene Verwendung in der Jagd setzt zwei ganz wichtige Veranlagungen voraus. Zum einen müssen die Hunde selbstständig handeln können, zum anderen sind sie bei der Jagd genauso auf den Jäger angewiesen, wie er auf sie. Es ist echtes Teamwork gefragt, das Ihr Hund auch noch heute von Ihnen erwartet. Vergessen Sie beim Rhodesian Ridgeback

Intelligenz, Kraft und Wendigkeit. Dies sind die Eigenschaften, die den Ridgeback zum Löwenjäger machten. Foto: Karin van Klaveren

alles, was Sie über Unterordnung gehört haben. Dieser Hund ist Ihr Partner, der seinen eigenen Kopf hat. Im Kapitel Erziehung werden Sie sehen, dass dies kein Nachteil ist, sondern von Ihnen akzeptiert werden muss und geschickt genutzt werden kann.

Insgesamt ist der Rhodesian Ridgeback heute ein selbstbewusster Hund, der frei ist von Aggressionen, sich hervorragend als Familienhund eignet und auch Kindern gegenüber ausgesprochen offen und freundlich auftritt.

Der Körperbau des Rhodesian Ridgeback

Die Anforderungen an den Körperbau sind eine Mischung aus Schönheitsaspekten und Merkmalen, die für eine intakte Gesundheit und Gebrauchseignung stehen. So ergeben sich die Punkte zum einen aus ästhetischen Gesichtspunkten, wie ein korrekter Ridge, bestimmte Fellfarben oder Fellbeschaffenheit, andere aus der Gebrauchstüchtigkeit, die einen leistungsfähigen Knochenbau verlangt, wie zum Beispiel

die korrekte Haltung der Vorder- und Hinterhand. Die einzelnen Punkte seien im Folgenden kurz wiedergegeben. Im Anschluss wird noch etwas ausführlicher auf die Beschaffenheit und Begrifflichkeit des Ridge eingegangen.

Sehr ausführlich beschreibt der Standard das allgemeine Erscheinungsbild des Hunds. „Der Rhodesian Ridgeback sollte einen ausgewogen gebauten, starken, muskulösen, wendigen und aktiven Hund darstellen, symmetrisch im Profil und bei angemessener Geschwindigkeit äußerst ausdauernd. Das Hauptaugenmerk ist auf Beweglichkeit, Eleganz und funktionale Gesundheit ohne irgendwelche Tendenzen zu einer massiven Erscheinung zu legen." Hier wird im Standard klar das Bild eines eleganten Jägers gezeichnet, stark und muskulös, aber nicht zu massiv in seiner Erscheinung. Das Ganze gepaart mit Beweglichkeit und Eleganz, so stellt man sich den idealen Hund vor, der mit allen Eigenschaften gesegnet ist, um den König der Tiere stellen zu können – Intelligenz gepaart mit Kraft und Wendigkeit. Schon

Der Rhodesian Ridgeback als Jagdhund ist in unseren Breiten noch ein seltenes Bild. Seiner Veranlagung nach kann er aber jedem Jäger ein perfekter Partner sein. Auf dem Bild sehen Sie Kapoba´s Zalog-Xarit, der sich im Besitz der Fotografen befindet.
Foto: S. und H. Dilk

Der Rassestandard beschreibt, wie der ideale Vertreter einer Rasse aussehen sollte. Dabei wird neben den körperlichen auch den charakterlichen Merkmalen ein besonderes Augenmerk geschenkt.
Foto: Karin van Klaveren

tig sein, die Lefzen sind straff und liegen den Kiefern an. Das Scherengebiss schließt perfekt und ist vollständig bezahnt, mit besonders gut entwickelten Fang- und Eckzähnen. Der am Kopf anliegend getragene Behang sollte ziemlich hoch angesetzt sein, breit

hier setzt der Standard einen weiteren Schwerpunkt und geht, ohne Details zu nennen, auf die funktionale Gesundheit ein. Die Proportionen sollen stimmen, es soll zu keinen züchterischen Übertreiben kommen, der Hund soll ohne Einbußen „funktionieren".

Der Kopf sollte von mittlerer Länge sein, flach und breit zwischen den Behängen und in entspannter Haltung frei von Faltenbildung am Kopf. Hier soll nur angemerkt sein, dass die Faltenbildung am Kopf durchaus üblich ist und Sie sie bei vielen Ridgebacks feststellen können, auch bei erwachsenen Hunden. Der Stopp sollte recht gut markiert sein. Der Gesichtsschädel zeigt einen schwarzen Nasenschwamm in Verbindung mit dunklen Augen, einen braunen in Verbindung mit bernsteinfarbenen Augen. Die Augen selbst sind mäßig weit voneinander eingesetzt, rund und klar. Wirklich runde Augen finden wir allerdings kaum, sie sind meist eher mandelförmig bis ovale. Der Fang sollte lang tief und kräf-

am Ansatz und sich zur abgerundeten Spitze verjüngend. Der Hals ist kräftig, ziemlich lang und ohne lose Kehlhaut. Der Körper zeigt einen kraftvollen Rücken, starke, muskulöse Lenden und einen mäßig gewölbten, nicht tonnenförmigen Brustkorb. Die Brust selbst sollte sehr tief, bis zum Ellenbohen reichen, geräumig aber nicht breit sein.

Die Rute ist am Ansatz kräftig, zur Spitze hin schmaler werdend, nie grob. Sie wird leicht gebogen, aber niemals geringelt getragen.

Die Vorderläufe sollen vollständig gerade sein, stark und mit kräftigen Knochen. Die Schultern zeichnen sich klar ab und sind muskulös.

Die Bemuskelung der Hinterhand ist schlank, die Knie sind gut gewinkelt, der Mittelfuß ist kurz. All dies sind Voraussetzungen für ein ermüdungsfreies, ausdauerndes Laufen. Ebenso die geforderten runden, eng aneinanderliegenden und zur Federung gut gewölbten Zehen.

Das Haarkleid letztendlich sollte kurz und dicht sein, glatt und glänzend im Aussehen, weder wollig noch seidig. Die Farbe darf zwischen hell- bis rotweizenfarben liegen, wobei nur wenig Weiß an der Brust und den Zehen statthaft ist. Fang und Behang dürfen dunkel sein, zu viele schwarze Haare über das ganze Haarkleid verteilt sind unerwünscht.

Die erwünschte Wideristhöhe liegt bei Rüden zwischen 63 und 69 cm, bei Hündinnen liegt die erwünschte Wideristhöhe zwischen 61 und 66 cm. Ein Idealgewicht zu nennen ist schwierig, da jeder Hund sein eigenes Idealgewicht besitzt. Innerhalb der Rasse treten Gewichtsunterschiede zwischen 30 bis 42 kg, je nach Körperstatur auf.

Kommen wir zum Abschluss zum Ridge, dem ein eigener Abschnitt gewidmet sein soll.

Der Ridge

Lesen Sie zunächst, was der Standard über den Ridge zu sagen hat. „Einzigartig bei dieser Rasse ist der Kamm auf dem Rücken („ridge"), dessen Haare dem übrigen Körperhaar entgegengesetzt wachsen; dieser Ridge ist das das wichtigste [äußerliche] Erkennungsmerkmal der Rasse. Der Ridge muss sauber abgegrenzt, symmetrisch und gegen die Hüfte spitz zulaufend sein. Er beginnt unmittelbar hinter den Schultern und setzt sich bis zu den Hüfthöckern fort; er weist nicht mehr als zwei gleichförmige Kronen („crowns" [Wirbel]) auf, die einander gegenüberliegend angeordnet sind. Die hinteren Ränder der Kronen dürfen ein Drittel der Gesamtlänge des Ridge nicht überschreiten. Als Mittelwert für die Breite des Ridge ist 5 cm ein guter Durchschnitt."

Der Ridge ist sicher das äußerlich auffälligste Merkmal einer ansonsten im positivsten Sinne durchschnittlichen Rasse. Durchschnittlich dahingehend, dass sie keine züchterischen Übertreibungen zeigt, keine Anomalien im Skelettbau oder auch sonstige negativen

Das hintere Ende des Ridge kann man bei nassem Fell gut erkennen. Der Standard schreibt sehr genau vor, welche Formen und welche Ausdehnung der Ridge haben darf. Foto: Karin van Klaveren

Auffälligkeiten im Verhalten. Die Hauptforderung an den Ridge ist die Symmetrie entlang der Wirbelsäule. Dabei ist die Box, bestehend aus den beiden Kronen, auffälliger Beginn des sich zu den Hüfthöckern langsam verjüngenden Ridges. Die Kronen müssen symmetrisch angeordnet sein und es dürfen nur genau zwei davon existieren, jeder Versatz oder jede andere Zahl als zwei ist fehlerhaft und führt zur Zuchtuntauglichkeit. Die Box darf in ihrer Ausdehnung maximal ein Drittel der gesamten Ridgelänge betragen. Wir müssen uns aber auch bewusst darüber sein, dass der Ridge eine Anomalie ist, die auf einer genetischen Veränderung beruht.

Mit dem Vorhandensein des Ridge wird häufig das Auftreten des Dermoid Sinus, einer Fehlentwicklung in der Embryonalphase, in Zusammenhang gebracht. Dabei trennt sich in einem frühen Embryonalstadium die Zellschicht, die später die Haut bildet, nicht oder nur unvollständig von der Zellschicht, aus der sich das Rückenmark entwickelt. Die Folge ist eine nur haarfeine Hauteinstülpung, die je nach Schwere bis zum Rückenmark reicht. Der Dermoid Sinus tritt aber nicht nur beim Rhodesian Ridgeback auf, er ist bei anderen Hunderassen und sogar beim Menschen bekannt. Hunde, die an einem Dermoid Sinus leiden, dürfen nicht zur Zucht herangezogen werden. Mehr zum Dermoid Sinus finden im rassespezifischen Krankheitsteil.

Derzeitige Statistiken deuten darauf hin, dass der Ridge einfach dominant vererbt wird, sobald ein Welpe also ein Gen mit Ridgeveranlagung von einem Eltern-

Ridgebacks und Kinder verstehen sich gut, wenn beiden gezeigt wird, wie man miteinander umgehen muss.
Foto: Karin van Klaveren

lichkeit und ihren jagdlichen Fähigkeiten erhalten beiben und die Gesundheit der Rasse weiter erhalten und verbessert wird. Selbstverständlich ist die Selektion heute eine andere, als zu Zeiten der Großwild- und Löwenjagd. Hier geeignete Kriterien für die Zuchtauswahl zu finden, die den Rhodesian Ridgeback fördern und erhalten, ist eine Aufgabe, der sich die Vereine stellen.

teil erwirbt, so wird er einen Ridge tragen. Sie werden demnach nur dann ridgelose Welpen von ridgetragenden Elterntieren bekommen, wenn Sie zwei Hunde kreuzen, die jeweils heterozygot für das Merkmal Ridge sind. Aus Rr x Rr ergeben sich Nachkommen mit den Genpaaren RR, Rr und rr. Nur die Träger von rr sind ridgelos (R = Ridge, r = kein Ridge). Ein Rhodesian ohne Ridge ist kein Rhodesian Ridgeback. Es gab Zeiten, da wurden die Welpen nach der Geburt getötet. Das wirklich schreckliche daran ist, dass sich die Hunde ohne Ridge in ihrem Charakter und ihren Fähigkeiten kein bisschen von ihren Ridge-tragenden Geschwistern unterscheiden.
Es ist immer schwierig für die Züchter, ein dominantes Merkmal reinzuzüchten, da sie nie genau wissen können, ob dieses dominante Merkmal reinerbig vorliegt oder nicht.
Das Zuchtziel für den Rhodesian Ridgeback ist heute klar dahingehend definiert, dass die Hunde in ihrer Ursprüng-

Die heutige Verwendung des Rhodesian Ridgeback

Der Rhodesian Ridgeback wird bei uns vor allem als Familienhund gehalten. Er ist verträglich mit anderen Haustieren, auch anderen Hunden, was auf seine Jagdhundvergangheit zurückgeführt werden kann, als er mit anderen Hunden zusammen jagen musste. Mit seiner feinen Nase eignet er sich als Fährtenhund und kann auch als Spür- und Rettungshund ausgebildet werden. Leider sind in diesem Bereich bisher nur wenige Rhodesian Ridgebacks anzutreffen. Noch heute kann der Rhodesian Ridgeback als Jagdhund ausgebildet und mit Erfolg eingesetzt werden.
Als Freizeitpartner ist er bestens für jede Art von Agility-Sport geeignet und begleitet Sie beim Joggen auch über längere Strecken. Neben dem Rad gönnen Sie ihm immer wieder eine Pause und achten auf Ihr eigenes Tempo.

Sie haben sich für den Kauf eines Hundes entschieden und es soll ein Rhodesian Ridgeback sein. Sie können es sicher kaum erwarten, endlich Ihren Hund bei sich zu haben und hätten gerne den Besten der ganzen Welt. Bevor Sie sich jedoch unvorbereitet in eine Beziehung stürzen, die viele Jahre dauern wird, sollten Sie die folgenden Zeilen unbedingt lesen, sich Rat bei befreundeten Hundehaltern und den Rhodesian Ridgeback-Vereinen holen. Überdenken Sie Ihre Entscheidung nochmals gründlich, denn die Anschaffung eines Hundes darf keine Entscheidung aus dem Bauch heraus sein. Sie nehmen ein Lebewesen in Ihre Familie auf und werden die Familie für dieses Lebewesen, Sie werden Jahre Ihres Lebens miteinander verbringen und sollten sich somit auch gegenseitig prüfen. Die Frage ist nicht, ob ein Rhodesian Ridgeback zu Ihnen oder Sie zu ihm passen, die Frage ist, ob Sie zueinander passen.

Voraussetzungen für die Haltung eines Rhodesian Ridgeback

Sicher haben Sie sich schon Gedanken über den Kauf eines Hundes gemacht, bevor Sie dieses Buch erworben haben und genauso sicher ist ein Rhodesian Ridgeback für Sie in die engere Wahl gekommen.

Bei der Auswahl eines Hundes dürfen Sie sich zunächst nicht von der äußeren Erscheinung leiten lassen, wichtiger sind der Charakter und die Ansprüche des Hundes und wie Sie diesen gerecht werden können. Über den Charakter der Rho-

Der Kauf eines Hundes muss gut überlegt sein. Ein Ridgeback wird meist weit über zehn Jahre alt und Sie tragen in dieser Zeit die Verantwortung für Ihren Hund. Foto: I. Francais

desian Ridgebacks konnten Sie im vorangegangenen Kapitel schon einiges lesen, jedoch soll hier noch einmal etwas genauer auf die damit verbundenen Ansprüche dieser Hunde und Ihrer Rolle als Besitzer eingegangen werden.

Wenn Sie sich einen Rhodesian Ridgeback anschaffen, müssen Sie vor allem eines haben: Zeit, sich um ihn kümmern zu können. Zeit ist wichtig, denn Ihr Hund kann noch so einen tollen Garten am Haus, Platz in der Wohnung oder Liebe der ganzen Familie bekommen, wenn er

Denken Sie dran!

Bevor Sie sich auf die Suche nach einem Welpen machen, prüfen Sie zunächst sich selbst. Ein Welpenkauf darf niemals spontan, unüberlegt oder sogar auf das Drängen anderer geschehen. Sie verbringen einige Jahre Ihres Lebens mit dem Hund, der Hund sein ganzes Leben mit Ihnen, dieser Verantwortung müssen Sie sich bewusst sein.

den ganzen Tag alleine ist, kann er sich weder wohlfühlen, noch sich zu einem sozialen Mitglied Ihrer Familie, seines Rudels entwickeln. Rhodesian Ridgebacks zählen zu den mittelgroßen, sehr aktiven und nicht immer ganz einfachen Rassen. Sie brauchen für seine Erziehung ein besonderes Gespür, das genau den Mittelweg findet zwischen partnerschaftlichem Miteinander und eindeutigem Führungsanspruch auf Ihrer Seite. Ridgebacks sind Familienhunde, und

auch jeder in Ihrem Haushalt muss wissen, wie er mit dem Hund umgehen darf. Die Reizschwelle dieser Hunde ist aber verhältnismäßig hoch.

Ihr Ridgeback muss beschäftigt werden, damit er sich nicht langweilt. Dazu gehört nicht nur ein längerer Gang um den Block, sondern mindestens ein längerer, abwechslungsreicher und somit erlebnisreicher Spaziergang jeden Tag und bei jedem Wetter.

Es ist Voraussetzung für die Hundehaltung, dass jedes Mitglied Ihres Haushalts seinen Beitrag dazu leistet, dass sich Ihr Hund bei Ihnen wohl fühlt. Dazu gehört zunächst die Akzeptanz jedes Einzelnen, dass überhaupt ein Hund angeschafft wird. Hinzu kommt eine klare Aufgabenteilung unter den Familienmitgliedern und nicht zuletzt die Verantwortung, bei Wind und Wetter mit Ihrem Hund mindestens drei- bis viermal hinaus zu gehen. Denken Sie auch an die Ferienzeiten, denn ab sofort ist da ein weiterer Gast auf Ihren Reisen, der besondere Ansprüche an die Unterkunft und Reisemittel stellt. Nicht jede Unterkunft nimmt Hunde auf, eine lange Fahrt mit dem Auto oder der Bahn will gut geplant sein, Flugreisen verteuern sich um einiges. Bedenken Sie dies!

Wieviel Raum benötigt ein Rhodesian Ridgeback?

Ein größerer Hund braucht immer etwas mehr Platz, besonders so aktive Rassen wie Rhodesian Ridgebacks. Ihnen muss aber klar sein, dass Sie einen Rhodesian Ridgeback nicht in einer zu kleinen Wohnung ohne Garten halten können. Eine kleinere Wohnung mit Garten ist aber generell besser, als eine große, in der Ihr Hund den ganzen Tag lang bis aufs Gassigehen eingesperrt ist. Raum für Ihren Hund ist also nicht gleichzusetzen mit der Größe der Wohnung, sondern mit der Nutzfläche zur Bewegung. Bitte lassen Sie Ihren Hund sein Dasein nicht in einem Zwinger fristen, schon gar nicht, wenn Sie nur einen Hund besitzen. Ridgebacks brauchen soziale Kontakte zu ihrer Familie. Der Hund wird allein im Zwinger nicht artgerecht gehalten und kann schwere

halb der gesetzlich vorgeschriebenen Mindestmaße bauen. So sollte ein Zwinger für zwei Rhodesian Ridgebacks mindestens 20 qm Fläche besitzen, einen schattigen Bereich und eine Hütte aufweisen. Haben Sie einen Garten, kann Ihnen durchaus zu einer Zwingeranlage geraten werden, denn so kann Ihr Hund auch bei schlechtem Wetter einige Stunden alleine im Freien verbringen. Die Zwingerhaltung darf nur nicht aus Bequemlichkeit zur Gewohnheit werden

Schon die nur wenige Tage alten Welpen zeigen den typischen Ridge auf dem Rücken. Äußerliche Merkmale sollten aber nie der alleinige Grund für die Wahl einer bestimmten Rasse sein, wichtiger ist der Charakter des Hundes.
Foto: Karin van Klaveren

Verhaltensstörungen entwickeln, die von Schreckhaftigkeit bis zu Aggressionen führen. Der Ausschluss aus seinem Rudel ist für den Hund die schlimmste Strafe! Besitzen Sie mehrere Hunde, so ist gegen einen stundenweisen Aufenthalt im Zwinger nichts einzuwenden, wenn Sie ihn ausreichend groß und nicht nur inner-

und darf nur für kurze Zeit am Tag eine Alternative für gemeinsame Aktivitäten darstellen.
Ihr Haus oder Ihre Wohnung müssen Ihrem Rhodesian Ridgeback offenstehen. Natürlich kann es den einen oder anderen Raum geben, den der Hund nicht betreten darf, doch kann es nicht

Alle Hundewelpen sehen unglaublich niedlich aus und wecken in uns Beschützerinstinkte. Der Welpenkauf darf jedoch nie eine spontane Entscheidung sein, denn jeder Hund wächst und ist eines Tages ausgewachsen. Auch dann sollen Sie noch Gefallen aneinander finden!
Foto: Karin von Klaveren

sein, dass letztendlich der Flur als einzig ständiger Aufenthaltsort für Ihren Hund übrig bleibt. Seinen Schlafplatz braucht der Hund genauso wie seinen Futterplatz, beide bitte nicht in Heizungsnähe, sondern an einem kühleren Ort.

Rhodesian Ridgebacks besitzen keine sehr dichte Unterwolle, dennoch haaren sie und so sollten Sie nicht zu penibel sein. Kurze Hundehaare sieht man nicht so offensichtlich, dafür sind sie schwieriger zu entfernen. Ihr Hund wird regelmäßig Dreck in die Wohnung bringen, dass müssen Sie akzeptieren, sonst kaufen sich am besten gar keinen Hund. Rein rechtlich müssen Sie als Mieter die Hundehaltung mit Ihrem Vermieter absprechen, wenn nicht schon im Mietvertrag eindeutige Vereinbarungen zur Haltung stehen.

Rhodesian Ridgebacks brauchen eine einfühlsame aber konsequente Erziehung. Überlegen Sie sich lieber vor dem Kauf, ob Sie sich dieser Aufgabe gewach-

sen sehen. Wer sich einem Rhodesian Ridgeback nicht gewachsen sieht, der sollte es lieber lassen.

Neben allen räumlichen und zeitlichen Ansprüchen, die Ihr Hund hat, wird er Sie auch Geld kosten. Was so banal klingt, wird schnell wesentlich, wenn durch unvorhersehbare Erkrankungen oder Unfälle plötzlich Tierarztkosten anstehen, die auch schnell mehrere hundert Euro betragen können. Aber auch im Normalfall fallen Tierarztkosten für Impfungen und Routineuntersuchungen an, das Futter will bezahlt werden und die Gemeinden und Städte verlangen teilweise eine nicht unerhebliche Hundesteuer. Da Sie laut BGB für alle Schäden haften, die Ihr Hund verursacht, sollten Sie sich Gedanken über den Abschluss einer erweiterten Haftpflichtversicherung, einer sogenannten Hundehalterhaftpflicht, machen, die für diese Schäden aufkommt. Als Größenordnung für die Futter- und planmäßigen Tierarztkosten veranschlagen Sie monatlich zwischen 100 und 150 € im Monat, je nach Alter und Größe Ihres Ridgeback.

Welche weiteren Überlegungen sollte ich vor dem Kauf anstellen?

Rhodesian Ridgebacks sind ideale Familienhunde und können auch allein gehalten werden. Sie verstehen sich mit Kindern gut, aber auch der gutmütigste Hund in der Größe eines Rhodesian Ridgeback kann zunächst beängstigend auf ein kleines Kind wirken! Bringen Sie die beiden einan-

Mswati´s Nala und Khwei Achernar beim Kennenlernen. Ob Sie sich für einen Rüden oder eine Hündin entscheiden, ist auch eine Frage des persönlichen Geschmacks. Foto: Karin van Klaveren

der vorsichtig näher. Auch wenn Rhodesian Ridgebacks kinderliebe Hunde sind, sie gehören nicht in Kinderhände. Ihr Kind ist diesem Hund körperlich nicht gewachsen und wird nicht in der Lage sein, mit ihm allein spazieren zu gehen.

Ridgebacks gelten als spätreife Hunde, die erst zwischen zwei und drei Jahren erwachsen werden. Für Sie bedeutet dies, dass Ihr Hund auf der einen Seite lange formbar und lernbereit ist, auf der anderen Seite, dass er auch lange Zeit nicht erwachsen wird. Er bleibt länger in der Pubertät stecken, zeigt Phasen der Verunsicherung, in denen Sie ihm zur Seite stehen müssen, auch wenn er äußerlich schon erwachsen scheint.

Fragen Sie sich, was Sie von Ihrem Hund erwarten. Der Rhodesian Ridgeback kann Ihnen Partner bei Ausbildung und Sport und auch treuer Familienhund oder Freizeitpartner sein. Ein Rhodesian Ridgeback wird aber nie leicht zufrieden zu stellen sein, er ist kein Bettvorleger oder Schoßhündchen. Wer sich einen Rhodesian Ridgeback kauft, der muss sein Leben auf die Aktivitäten, die Spaziergänge und Bedürfnisse dieser aktiven und intelligenten Rasse ausrichten.

Die Haltung im Mehrfamilienhaus ist nur bedingt zu empfehlen. Stellen Sie sich vor, Sie sollten einen bewegungsunfähigen, über 30 kg wiegenden Rüden aus dem vierten Stock einer Altbauwohnung ohne Fahrstuhl hinunter befördern. Aus einer Wohnung ohne Fahrstuhl in den oberen Stockwerken kann ein Hund in einer Notsituation schlecht gerettet werden, der Transport wird zum Wagnis. Wenn Sie in einem Mietshaus wohnen, dann sollten Sie nicht höher als im ersten Stock wohnen. Auch wenn

Kaufen Sie sich das erste Mal einen Hund, so sollten Sie sich schon für einen Welpen entscheiden, denn so erleben Sie jeden Entwicklungsschritt Ihres Hundes von Anfang an mit. Foto: Karin van Klaveren

das Haus einen Fahrstuhl besitzt, kann dieser immer einmal ausfallen. Das Skelett noch nicht ausgewachsener Hunde dieser Größe ist vor dem zwölften Lebensmonat anfällig für alle möglichen Schäden, vor allem an der Hüfte, die im gewissen Grad genetisch angelegt sind, aber beispielsweise durch Treppensteigen negativ begünstigt werden können.

Hündin oder Rüde?

Die Entscheidung zwischen einem Rüden und einer Hündin stellt Sie vor allem dann vor Probleme, wenn Sie bereits Hunde besitzen. Zwei Rüden können unweigerlich in Rangordnungskämpfe verfallen, ein Rüde und eine Hündin müssen während der Läufigkeit getrennt werden, die beste Wahl stellen hier noch zwei Hündinnen dar. Ansonsten sind die Geschlechtsunterschiede beim Rhodesian Ridgeback nicht so stark ausgeprägt, wie bei vielen anderen Rassen. Die Rüden wirken meist nur leicht männlicher, kräftiger in ihrer Statur. Während der Läufigkeit seiner Liebsten aus der Nachbarschaft wird Ihr Rüde so manchen Abend heulend an der Tür verbringen. Bei einer Hündin haben Sie Probleme während ihrer Läufigkeit, wenn Sie zur Verfolgten aller Rüden der Nachbarschaft wird. Rein von der Sauberkeit her merken Sie anfangs die Hitze Ihrer Hündin nicht, denn die Hündinnen halten sich selbst sehr sauber. Vom Wesen her kann ein Rüde durchaus anhänglicher sein als eine Hündin und die Vorhersage, dass

alle Hündinnen lieber und zärtlicher sind als die meist dominierenden und schwierigeren Rüden stimmt in beiden Richtungen nicht immer.

Welpe oder ausgewachsener Hund?

Eine weitere Entscheidung, die von Ihnen getroffen werden muss, ist, ob Sie sich einen Welpen oder einen ausgewachsenen Rhodesian Ridgeback anschaffen. Für einen Welpen sprechen einige Gründe, gerade wenn es Ihr erster Hund ist. Sie erleben jeden Lebensabschnitt mit Ihrem Hund gemeinsam und können die Erziehung selbst in die Hand nehmen. Besorgen Sie sich einen ausgewachsenen Rhodesian Ridgeback, wissen Sie nicht immer, wie er aufgewachsen ist und aus welchen Verhältnissen er kommt. Fehler, die bei der Aufzucht und Erziehung gemacht wurden, können meist nun nur noch schwer und oft nur mit viel Aufwand korrigiert werden. Andererseits können Sie auch Glück haben und erwerben einen bestens erzogenen, liebenswerten Rhodesian Ridgeback, der Ihnen einige Vorteile bieten kann. Zum Beispiel können Sie nicht alle Erkrankungen einem Welpen sofort ansehen. Verhaltensstörungen können sich erst spät zeigen, auch Störungen im Knochen- und Gelenkaufbau, allen voran die HD, zeigen sich erst beim ausgewachsenen Hund. Dies sind einige gute Gründe, auch über den Erwerb eines erwachsenen Hundes nachzudenken. Wenn Sie die Ambition haben, mit dem Hund zu züchten, haben Sie hier das Risiko, zuchtausschließende Mängel beim Welpen nicht erkannt zu haben, ausgeschlossen.

Wo kaufe ich meinen Hund?

Haben Sie sich für einen Rhodesian Ridgeback entschieden, wollen Sie einen gesunden Hund aus vertrauenswürdigen Händen. Bei der Suche nach Ihrem perfekten Hund wenden Sie sich am besten an einen der dem VDH angeschlossenen Rhodesian-Ridgeback-Vereine oder greifen auf die Empfehlungen von Freunden und Bekannten zurück, die selbst einen gesunden Hund erworben haben. Generell kann ich Ihnen keine Standardempfehlung geben, wo und bei wem Sie Ihren Hund am besten kaufen. Es ist zu einfach zu sagen, dass Sie bei einem Züchter immer den gesündesten Hund erwerben. Es ist eine Frage, wie die Hunde gehalten und behandelt werden. Nach der allgemeinen Erfahrung in Deutschland kann Ihnen an dieser Stelle nur dazu geraten werden, Ihren Rhodesian Ridgeback bei einem privaten Züchter zu kaufen, der Mitglied in einem dem VHD angeschlossenen Verein ist. In Deutschland gibt es zur Zeit drei Vereine, die sich innerhalb des VDH um Rhodesian Ridgebacks kümmern. Neben dem ältesten „Rhodesian Ridgeback Club Deutschland e. V." (RRCD) gibt es die mitgliederstärkste „Deutsche Züchtergemeinschaft Rhodesian Ridgeback e. V." (DZRR) und noch den kleineren „Rhodesian Ridgeback Jagdhundverein e. V."

Die Welpenvermittlungen der einzelnen Vereine wissen, welche Züchter Welpen besitzen, welche Züchter Würfe planen, und können Ihnen die Adressen geben. Da die Nachfrage nach Welpen oftmals größer ist als das Angebot, ist es sinnvoll, nach den geplanten Deckakten zu fragen, die in der Deckliste veröffentlicht werden. Sie können so schon vor der Geburt der Welpen Kontakt mit dem Züchter aufnehmen, mit ihm die Anschaffung besprechen und sich umfassend beraten lassen.

Denken Sie dran!

Hundekauf ist Vertrauenssache, doch blindes Vetrtrauen ist wie überall fehl am Platz. Lassen Sie sich vom Züchter die Papiere seiner Hunde zeigen, die Impfpässe der Welpen und die Ahnentafeln. Eine Hundezucht ist immer nur so gut, wie die Zuchtüberwachung der Vereine. In Deutschland bürgt die Mitgliedschaft im VDH dafür, dass die Hunde nach bestem Wissen gezüchtet werden und kein „Hundevermehrer" eine Chance hat, seine Profitgier zu befriedigen.

Lassen Sie sich bei der Auswahl des Züchters und der Wahl Ihres Welpen Zeit und überstürzen Sie nichts. Vergleichen Sie unterschiedliche Züchter und nehmen Sie hierbei auch ruhig einen längeren Anfahrtsweg in Kauf.
Foto: I. Francais

Schauen Sie sich verschiedene Zwinger an und vergleichen Sie. Kaufen Sie nicht den erstbesten Welpen beim erstbesten Züchter, sondern prüfen Sie genau, auch wenn der Welpe noch so niedlich und der Züchter noch so nett ist, ob auch wirklich alles mit dem Hund und der Pflege beim Züchter in Ordnung ist.

Woran erkenne ich einen guten Züchter?

Um den Züchter einschätzen zu können sollten Sie wissen, dass die Hundezucht mehr ein Hobby, denn eine Erwerbsquelle ist. Die Hundezucht bringt kaum genug Geld ein, um die laufenden Kosten zu tragen, schon gar nicht, wenn bei einem Wurf unerwartete Komplikatio-

nen und somit zusätzliche Tierarztkosten auftreten. Schon alleine die Papiere, die für diese Rassehunde ausgestellt werden müssen, die notwendigen Impfungen, die Aufzucht der Welpen, die Deckgebühren und die Untersuchungen des Mutterhunds kosten bei einem durchschnittlichen Wurf pro Welpe über 500 €! Sie müssen deshalb stutzig werden, wenn die Zucht einen kommerziellen Anstrich hat und mehrere Würfe gleichzeitig großgezogen werden, womöglich noch von unterschiedlichen Rassen. Achten Sie unbedingt auf die Sauberkeit beim Züchter, die Sie vor allem an den Futter- und Schlafplätzen der Hunde beurteilen können. Die Nähe zum Menschen ist für ein späteres Zusammenleben Hund-Mensch von Anfang an von entscheidender Bedeutung. Die Welpen müssen von der ersten Minute an den Kontakt zum Menschen gewohnt sein, eine reine Zwingerhaltung verbietet sich somit von selbst. Ideal und wünschenswert ist das Zusammenleben im Haus, wobei Sie auch hier die Räumlichkeiten besichtigen sollten. Ein Keller ist eben doch nur ein Keller, es sein denn, er ist angemessen ausgebaut und isoliert die Hunde nicht von den Räumen für die Menschen.

Aufschlussreich ist das Verhalten des Züchters während Ihrer ersten Kontakte. Ein seriöser Züchter sieht in seinen Welpen schon fast eigene Kinder und ein Welpenkauf ist für ihn mit einer Adoption vergleichbar. Nach diesen Kriterien verlaufen die ersten Unterredungen, in denen Sie aufs Persönlichste befragt werden und der Züchter alles über Sie herausfinden will, was er wissen muss, um im Gegenzug auch Ihre Seriösität, Eignung und Tierliebe beurteilen zu können. Er wird Sie weder zu einer Entscheidung drängen, noch versuchen, Sie im Zweifelsfall zum Kauf zu überreden. Er wird Verständnis dafür haben, dass Sie sich noch bei anderen Züchtern umschauen wollen und keine Taschenspielertricks der Sorte „Es ist der beste Welpe den ich je hatte", „Alle anderen sind schon reserviert" oder „Nachher kommt noch ein Interessent" versuchen, das hat ein seriöser Züchter nicht nötig. Bei allem Edelmut, den ich den Züchtern unterstellen will, dürfen Sie nicht vergessen, dass ihm auch die genannten Kosten entstehen, die gedeckt sein wollen. Für einen Rhodesian Ridge-

Denken Sie dran!

Lassen Sie sich beim Welpenkauf unbedingt die Untersuchungsergebnisse der HD- und gegebenenfalls der ED-Röntgenuntersuchung zeigen. Diese Untersuchungen müssen für beide Elternhunde vorliegen und geben Ihnen Aufschluss über deren Belastung mit dem jeweiligen Merkmal. Optimal ist eine HD und ED Freiheit beider Hunde.

back-Welpen ohne zuchtausschließende Merkmale zahlen Sie derzeit knapp über 1 000 €. Sollte schon der Welpe zuchtausschließende Merkmale tragen, die allerdings die Gesundheit nicht beeinflussen, so wird der Züchter mit seiner Forderung deutlich unter diesen Preisen liegen. Verbindliche Preisvorschriften gibt es jedoch nicht und so ist der Preis für Ihren Rhodesian Ridgeback letztendlich eine Verhandlungssache zwischen Ihnen und dem Züchter.

Die medizinische Untersuchung der Welpen

Die Vereine schreiben in der Regel eine Untersuchung und Grundimmunisierung der Welpen in der achten Woche vor, die Welpen eines Erstzüchters sollten zusätzlich schon nach einer Woche untersucht werden. Alle Rassehunde werden in eine Ahnentafel eingetragen, die Ihnen Aufschluss über die Herkunft der Elterntiere nebst Groß- und Urgroßeltern gibt. Der Züchter wird Ihnen gerne Einblick in die Ahnentafeln der Eltern-

Denken Sie dran!

Sehen Sie sich vor dem Welpenkauf verschiedene Züchter an und
vergleichen Sie. Lassen Sie sich auch die
Mutter der Welpen zeigen und kontrollieren Sie ihren Gesundheitszustand.
Die Welpen selbst sollten sich durch
Neugier und Verspieltheit auszeichnen.
Das Fell sollte glänzen, die Augen sind
klar und die Ohren frei von Parasiten.

hunde und auch in das Zuchtbuch des
Vereins mit allen Informationen über die
Elterntiere geben. Hierbei ist eine Er-
kenntnis für Sie elementar wichtig: Die
Papiere zu Ihrem Hund sind nur so gut
wie der Verein, der sie ausstellt. Der Verein wiederum kann nur so gut sein, wie
seine Zuchtüberwachung. In Deutschland können Sie mit einer Satzung und
entsprechender Mitgliederzahl einen
Verein gründen und natürlich auch
Hunde züchten. Keiner überprüft Sie, sie
müssen nur den Auflagen der Tier-
schutzgesetze genügen und Sie können
die tollsten Papiere der Welt ausstellen.
Dies nützt Ihnen aber nur wenig, wenn
sich der Champion aller Klassen als das
ärmliche Produkt einer unseriösen Pro-
fitzucht entpuppt. Nicht Papiere zu
besitzen ist wichtig, sondern zu wissen,
wer mit seinem Namen dafür steht. In
Deutschland sind dies die Mitglieds-
vereine des VDH.
Leider sind nicht alle Leiden, die zu einem
Zuchtausschluss oder einer späteren
Erkrankungen führen, schon beim Wel-

pen erkennbar. Gerade über die Ellbogendysplasie (ED) und Hüftgelenksdysplasie (HD) können trotz moderner medizinischer Methoden im Welpenalter von
acht Wochen nur Vorhersagen gemacht
werden, eine endgültige HD-, ED- und
OCD-Diagnose ist erst ab einem Alter
von 12 bis 18 Monaten verlässlich. Viele
Rhodesian Ridgeback Vereine züchten
schon heute nur mit HD-freien Hunden,
was zu einem merklichen Rückgang der
Belastung geführt hat, gleiches gilt für
die Bekämpfung des Dermoid Sinus´.
Insgesamt sind Rhodesian Ridgebacks
heute gesunde, wenig anfällige Hunde,
an denen Sie Ihre Freude haben werden.

Verhaltenstests und Allgemeinbild

Bisher wurde Ihnen viel über die Auswahl des Züchters erzählt und Sie erhiel-
ten Tipps, um die Gesundheit des Welpen einzuschätzen. Ganz wichtige Punkte bei der Auswahl des Welpen sind aber
noch unerwähnt geblieben: ein paar
einfache Verhaltenstests und eine ab-
schließende Beurteilung des allgemeinen Zustands des Welpen. Gerade im
Verhalten können sich sehr gravieren-
de Mängel zeigen, die von Ängstlich-
keit bis Aggressivität die gesamte Palette an Fehlverhalten abdecken. Hierfür
kann es sowohl genetisch bedingte Ursachen geben, der Grund kann auch ein
falscher Umgang mit den Welpen in den
ersten Wochen sein. Diese Fehler sind
in der späteren Entwicklung nur mit
sehr viel Aufwand zu beseitigen und
auch manch erfahrener Hundehalter
hatte seine Probleme damit. Wenn Sie
sich das erste Mal einen Rhodesian

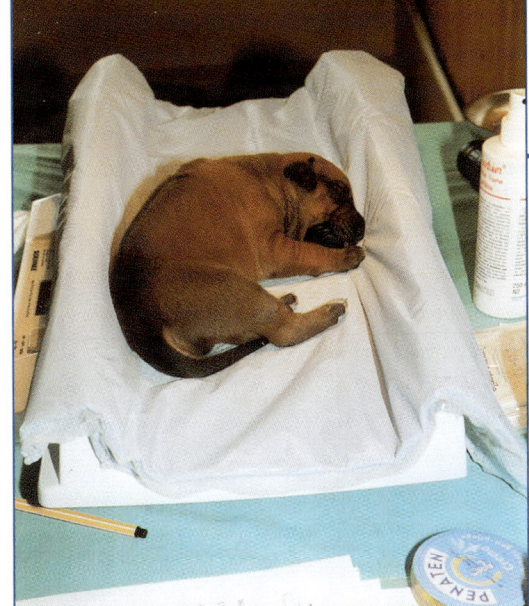

mit Ihnen spielen und Interesse an der neuen Situation zeigen. Hiernach beschäftigen Sie sich intensiver mit dem Hund, fassen ihn einmal an, nehmen ihn auf den Arm, halten ihn kurz an seinem Fang und den Beinen fest, um seine Reaktionen auf diese eher ungewohnten und nicht mehr rein spielerischen Reize zu untersuchen. Anzeichen für Störungen im Verhalten sind auch hier eine leichte Erregbarkeit, starke Unterwürfigkeit, Angst und gerade bei den letzten Tests eine niedrige Schmerzschwelle.

Alle Welpen aus VDH-Zuchten sollten sich in einem gesundheitlich einwandfreien Zustand befinden. Eine tierärztliche Untersuchung ist dennoch zu empfehlen. Foto: Karin van Klaveren

Ridgeback anschaffen, sollten Sie auf diesem Gebiet keine Experimente wagen. Verhaltensfehler sind sehr ernst zu nehmen und werden auch als zuchtausschließend beurteilt.

Um das Verhalten des Welpen zu beurteilen, beobachten Sie ihn zunächst völlig ungestört bei seiner Familie. Achten Sie auf sein Sozialverhalten und eventuelle Auffälligkeiten in seinen Reaktionen. Anzeichen für ein gestörtes Verhalten sind übermäßige Unterwürfigkeit und Angst, ein zu dominantes und hyperaktives Verhalten oder auch eine übermäßige Aggressivität im Spiel. All dies sind zunächst auffällige Verhaltensweisen, die Ihre Aufmerksamkeit wecken müssen. Testen Sie den oder die ausgewählten Welpen nun alleine, außerhalb der Sichtweite der Hundefamilie und spielen mit ihm. Schauen Sie auch hier genau hin, ob sich der Welpe schüchtern, aggressiv oder unsicher verhält. Welpen sind allgemein neugierig und so sollte ein gesunder Welpe nach einem kurzen Schreck oder anfänglicher Unsicherheit, die ganz normal ist, schon bald wieder

All diese Tests und Beobachtungen sollen Hinweise sein und können keine 100 %ige Sicherheit in die eine oder andere Richtung geben. Dennoch werden Sie mit Ihren genauen Beobachtungen mit Sicherheit einen gesünderen Welpen finden, als bei einem Spontankauf ohne Vorbereitung und der Möglichkeit zur Auswahl.

Noch einmal zusammengefasst: Kaufen Sie Ihren Rhodesian Ridgeback nicht beim erstbesten Züchter, lassen Sie sich von den bekannten Vereinen eine Liste der seriösen Züchter geben und vergleichen Sie verschiedene Züchter miteinander. Werden Sie misstrauisch bei Züchtern, die Ihnen einen Welpen aufschwatzen wollen. Lassen Sie sich immer das Muttertier zeigen und gehen Sie nach dem Kauf alsbald mit dem Welpen zu einem Routinecheck zu Ihrem Tierarzt. Beachten Sie all diese Hinweise, wird dem Glück mit Ihrem Rhodesian Ridgeback nichts mehr im Wege stehen.

Verband für das Deutsche Hundewesen e. V. (VDH)
Westfalendamm 174
44141 Dortmund 1
www.vdh.de

Dt. Züchtergemeinschaft Rhodesian Ridgeback e. V.
Jacob-Panzer-Str. 5
97469 Gochsheim
www.dzrr.de

Rhodesian Ridgeback Club Deutschland e. V.
Wilhelm-Leuschner-Str. 59
68519 Viernheim
www.rrcd.de

Rhodesian Ridgeback Jagdhundverein e. V.
Hauptstr. 14
38385 Ingeleben

Fédération Cynologique Internationale (FCI)
13 Place Albert I
B - 6530 Thuin/Belgien
www.fci.be

Österreichischer Kynologenverband
Johann-Teufel-Gasse 8
A-1238 Wien

Schweizerische Kynologische Gesellschaft
Lenggassstrasse 8
CH-3001 Bern

Deutscher Tierschutzbund
Baumschulallee 15
53115 Bonn

Foto: I. Francais

Die richtige Ernährung Ihres Rhodesian Ridgeback ist die Grundlage für sein gesundes Wachstum in der Jugend, seine Aktivität und Fitness im erwachsenen Alter und eine Versicherung dagegen, im fortgeschrittenen Alter krank und träge zu werden. Leider wird dieses wichtige Thema in meinen Augen zu oft aus falscher Profilierungssucht, Kommerzdenken und Unverständnis mehr zerredet als konstruktiv besprochen. Nur um das Thema Ernährung nicht weiter aufzubauschen: Es bedarf weder eines umfangreichen Fachwissens noch einer ganzen Wissenschaft, um einen Hund gesund zu ernähren. Im Grunde geht es nur darum, dass Sie die Ansprüche Ihres Hundes kennen, verstehen, wo die Rasse ihren Ursprung hat und welche Rolle die Ernährung im Leben Ihres Hundes spielt. Sie werden dementsprechend in diesem Kapitel weder eine tagesgenaue Verpflegung finden, noch genaue Angaben zur Futtermenge, denn die optimale Versorgung ist eine sehr individuelle, auf die Bedürfnisse Ihres Hundes abgestimmte Angelegenheit. Genau hier liegt aber auch die größte Verunsicherung. Wieviel füttere ich meinem Hund? Welche Zusammensetzung muss das Futter haben? Sollte ich lieber Frisch- oder Fertigfutter verwenden? Dies sind die häufigsten Fragen, die zu Anfang gestellt werden. Bevor jedoch darauf näher eingegangen wird, sollen zunächst einige grundsätzliche Fragen zur Ernährung der Rhodesian Ridgebacks geklärt werden.

Grundsätzliches zur Ernährung des Rhodesian Ridgeback

Der Rhodesian Ridgeback war in seinen Ursprüngen vor allem Jagd- und Wachhund. Wir können aufgrund der überlieferten Berichte davon ausgehen, dass die Hunde schon von den Khoi-Khoin geachtet, aber nicht über die Maßen verwöhnt wurde. Als sie später die Helfer der Großwild- und Lö-

Die Ernährung spielt eine entscheidende Rolle für die Gesundheit Ihres Hundes. Abwechslungsreich und ausgewogen sollten die Mahlzeiten sein. Dabei benötigt der Hund in jedem Lebensabschnitt eine spezielle, auf seine Bedürfnisse abgestimmte Ernährung.
Foto: I. Francais

wenjäger wurden, hatten sie sicher ein gutes Leben, war ihr Gesundheitszustand doch mitentscheidend für ihre Fitness und Aufmerksamkeit bei der Jagd. Dennoch hat sich damals sicher niemand mit ernährungsphysiologischen Fragen so beschäftigt wie heute. Die Hunde wurden damals meistens nicht so alt, wofür es neben einer unausgewogeneren Ernährung auch an-

die vielen unterschiedlichen Aussagen zur richtigen Ernährung nicht verunsichern. Wenn Sie heute zehn Züchter danach fragen, was sie ihren Hunden zu fressen geben, dann erhalten Sie mindestens ebenso viele Antworten. Von Fertigfuttersorten bis selbstzubereiteten Mahlzeiten beinhalten die Ratschläge die gesamte Palette und alle Züchter

Denken Sie dran!

Teuer bedeutet nicht gleichzeitig gut. Bei der Auswahl des Futters sollten Sie sich nicht durch Werbeversprechen oder den Preis leiten lassen. Achten Sie darauf, dass das Futter den Bedürfnissen Ihres Hundes gerecht wird und er es verträgt. Dabei ist Abwechslung wichtig, um die Gewöhnung an nur ein Futter zu vermeiden.

dere Gründe gibt. Die Hunde heutzutage werden besser gepflegt, die medizinische Versorgung ist umfangreicher und sie werden nur noch selten gefährlichen Situationen wie auf der Jagd ausgesetzt.
Heute soll sich kein Hund mehr von Essensresten ernähren und bedenkenlos mit dem erstbesten Futter versorgt werden. Das Fertigfutter ist im Lauf der Jahre immer besser geworden und stellt heute eine einfache, unkomplizierte und sichere Alternative zur eigenen Futterherstellung dar. Lassen Sie sich aber durch

haben gesunde Hunde und Welpen. Statt gezielte Vorschriften zu befolgen, beachten Sie lieber die allgemeinen Ratschläge auf den nächsten Seiten, denn grundsätzliche Regeln zur Fütterung müssen Sie auf jeden Fall beachten.

So gehört den ganzen Tag über frisches Wasser an den Futterplatz, Futterreste müssen nach den Mahlzeiten unbedingt

entfernt werden, der Futterplatz peinlich sauber gehalten werden. Das Futter selbst muss Zimmertemperatur haben. In seinen wilden Ursprüngen hat der Hund seine Beutetiere auch bei Umgebungstemperatur gefressen. Obwohl der Hund als Fleischfresser gilt, hat er seine tierischen Opfer, meist kleinere, pflanzenfressende Säugetiere, samt aller Eingeweide gefressen und somit vorverdaute, pflanzliche Nahrung aufgenommen. Füttern Sie auch heute einen gesunden Mix aus tierischer und pflanzlicher Nahrung. Vor und nach den Mahlzeiten gönnen Sie Ihrem Rhodesian Ridgeback Ruhe, ideal wäre je eine Stunde. Vor dem Fressen ist dies wichtig, damit der Hund nicht zu hastig frisst, Luft verschluckt und Blähungen entwickelt, nach dem Essen soll der Organismus Zeit für eine gesunde Verdauung bekommen.

Selbst zubereiten oder Fertigfutter?

Sie müssen Ihrem Hund eine ausgewogene Kost anbieten, die alle Nährstoffe, Vitamine und Mineralstoffe enthält, die er braucht. Hierbei hat sich in den letzten Jahren zunehmend das Fertigfutter als einfache und sichere Art erwiesen, dies zu erreichen. Gegen das alleinige Verfüttern von Fertigprodukten spricht prinzipiell nichts, wenn Sie wissen, worauf Sie achten müssen.

Fertigfutter erhalten Sie derzeit als Feuchtfutter in Dosen, als Halbfeuchtfutter meist in Plastik- oder Alubeuteln und als Trockenfutter, nicht zu verwechseln mit den ebenfalls trockenen Beimixern. Die verbreitetsten Fertigfuttersorten sind Trockenfutter und Feucht-

Wasser ist lebensnotwendig. Achten Sie darauf, dass Ihr Ridgeback immer frisches Wasser zur Verfügung hat. Wechseln Sie das Wasser mindestens täglich und achten Sie darauf, dass es nicht durch Futterreste verunreinigt wird.
Foto: I. Francais

futter in der Dose. Beide stellen ein Alleinfutter dar und sind vom Hersteller so konzipiert, dass sie als Hauptfutter den Bedürfnissen Ihres Hundes gerecht werden. Gleiches gilt für die halbfeuchten Sorten, die preislich am höchsten liegen und zur Bewahrung ihrer Konsistenz einen recht hohen Zuckeranteil aufweisen. Bei den billigeren Dosenfuttersorten müssen Sie besonders auf den meist sehr hohen Fettanteil achten. Trockenfutter ist am längsten haltbar und unkompliziert zu verfüttern. Da es kaum Wasser enthält, wird Ihr Hund etwas mehr trinken.

Alle Fertigfutter sind als Nahrungskonzentrate zu verstehen, denen vor allem wichtige Ballaststoffe fehlen. Sie sollten das Futter deshalb unbedingt mit Ballaststoffen anreichern. Diese werden zum einen in fertigen Mixern angeboten, können aber auch in Form von eingeweichten oder vorgekochten Feldfrüchten und Vollkornreis gefüttert werden. Besonders Dosenfutter mit einem hohen Wasser- und Fettanteil muss auf diese Weise aufgewertet werden. Lesen Sie sich die Inhaltsangaben des Futters gut durch. Das Futter muss den Bedürfnissen Ihres Hundes und seinem Alter entsprechen. Manche Hersteller verschweigen die genaue Zusammensetzung ihres Futters und geben nur für die wertvollen Inhaltsstoffe eine Prozentangabe an. „Füllstoffe", wie bei Dosenfutter ein hoher Wasser- oder Fettanteil, werden dann verschwiegen. Auf dem Futter muss sich eine Angabe finden, wieviel Futter pro Kilo Hundegewicht empfohlen wird. Einige Sorten basieren auf einem hohen

Soja-Anteil, auf den manche Hunde allergisch reagieren können.

Inzwischen werden spezielle Futtersorten für Welpen und Senior-Hunde angeboten, die den unterschiedlichen Ansprüchen der einzelnen Lebensabschnitte gerecht werden sollen. Welches Futter Ihr Rhodesian Ridgeback am besten verträgt, ist dennoch eine Frage des Ausprobierens. Ansonsten gilt auch beim Verfüttern von Fertigfutter: Achten Sie auf Abwechslung, variieren Sie den Hersteller und die Sorten. Bereiten Sie ruhig die eine oder andere Mahlzeit selbst zu. Nur so vermeiden Sie, dass sich Ihr Hund an ein Futter gewöhnt. Sollte es einmal zu Unverträglichkeiten, Allergien oder einer krankheitsbedingten Futterumstellung kommen, wird dieser Futterwechsel, der auch bei einem gesunden, aber an ein spezielles Futter gewöhnten Hund Verdauungsschwierigkeiten mit sich bringen kann, den Organismus eines kranken Hundes zusätzlich schwächen. Wenn Sie einmal Mahlzeiten selbst zubereiten, achten Sie bitte auf die Zusammensetzung und Menge, bei der Verwertung von Tischresten bitte darauf, dass diese nicht oder nur schwach gewürzt sind.

Was darf ich füttern, was nicht?

Sie dürfen einige Nahrungsmittel auf keinen Fall an Ihren Rhodesian Ridgeback verfüttern. Dazu zählen alle Arten Knochen, die splittern und zu schweren inneren Verletzungen führen können, rohes Fleisch jeder Herkunft, sämtliche gewürzten Nahrungsmittel und Süßigkeiten. Im rohen Schweinefleisch können eine Vielzahl von Viren, Bakterien und Parasiten leben, die durch Kochen leicht abgetötet werden, ansonsten für Ihren Hund aber eine lebensbedrohliche Gefahr darstellen können. Das Verfüttern von Knochen ist immer wieder Grundlage für heiße Diskussionen. Die wildlebenden Vorfahren unserer Haushunde haben selbstverständlich die Knochen ihrer Beutetiere gefressen, doch hatten sie gänzlich andere Fressgewohnheiten. Vom Beutetier wurden zunächst die Muskeln und Eingeweide, erst zuletzt die Knochen gefressen. Der Magen und Darm sind dann schon gefüllt, wenn die Knochen gefressen werden, die Hunde sind schon gesättigt und fressen nicht mehr so gierig. Die entstehenden Knochensplitter können den Magen- und Darmwänden nicht mehr oder kaum gefährlich werden. Dies ist bei unseren Rhodesian Ridgebacks heutzutage etwas anders. Ihr Hund wird sich nicht den Magen für drei Tage vollschlagen und Knochen werden eher hastig gefressen. Deshalb beugen Sie den Gefahren innerer Verletzungen vor, indem Sie nur spezielle Kauknochen oder Rinderhufe aus der Zoohandlung verfüttern. Ansonsten sind Ihrer Phantasie beim Zusammenstellen des Futters kaum Grenzen gesetzt, wenn Sie sich an eine gesunde Nährstoffzusammenstellung halten. Experimentieren Sie ruhig ein wenig mit Obst oder Gemüse, wobei Kohl wie beim Menschen zu Blähungen führt und deshalb ebenso vermieden werden muss, wie die meist schwer im Magen liegenden Pilze. Gemüse müssen Sie immer vorkochen, da der Hund es von Natur aus roh nicht gut verdauen kann. Eine weitere Ab-

wechslung ist das Verfüttern von Fisch. Wenn Sie oft lesen, dass Tischabfälle nicht als Hundefutter geeignet sind, dann ist dies nur teilweise richtig, denn die Kritik geht hier vor allem gegen die meist reichlichen Gewürze, vor allem

Denken Sie dran!

Auch wenn Welpen bei der Futterwahl besondere Ansprüche stellen, geben Sie ihm kein spezielles Leistungsfutter. Durch einen sehr hohen Proteingehalt beschleunigen diese das Wachstum nur unnatürlich. Normal für eine gesunde Welpenkost ist ein Proteinanteil von maximal 22 %.

Salz, und aus erzieherischen Maßnahmen gegen das Füttern am Tisch. Sie können Ihrem Hund durchaus die übriggebliebenen Kartoffeln, den Reis oder auch Fleisch und Fischreste zufüttern, dagegen spricht absolut nichts.

Futteransprüche beim Welpen

Die Futteransprüche des Welpen sind besonders hoch. In den ersten Wochen und Monaten sind die kleinen Rhodesian Ridgebacks in einer extremen Wachstumsphase, in der sich jede falsche Ernährung besonders negativ auf den gesamten Organismus und speziell das Skelett auswirkt. Doch keine Sorge, bis zur achten Woche werden die Welpen bestens durch die Muttermilch versorgt, die ab der dritten Woche durch erste

Welpen sollten innerhalb der ersten Stunde nach der Geburt mit dem Saugen beginnen. Mit der ersten Muttermilch nehmen sie nicht nur wichtige Nährstoffe, sondern auch wichtige Antikörper zur Stärkung des Immunsystems auf.
Foto: Karin van Klaveren

Beifütterungen ergänzt werden kann. Die Mutter muss in den ersten 24 Stunden nach der Geburt mit dem Säugen der Jungen beginnen. Die Muttermilch versorgt die Welpen nicht nur optimal mit allen Nährstoffen, sondern enthält auch erste Antikörper, die das noch schwach entwickelte Immunsystem der Kleinen entscheidend stärken.

Nach acht Wochen werden die Welpen dann gänzlich von der Muttermilch entwöhnt und ausschließlich mit einem speziellen, auf Welpen abgestimmten Futter ernährt. Im Wesentlichen benötigen die kleinen Welpen nun Proteine (aber kein Aufbaufutter mit einem Proteingehalt über 20 bis 22 %!), Fette und Mineralstoffe, vor allem Calcium und Phosphor zum Knochenaufbau. Sie haben die Wahl, die Welpen mit einer Fertigkost zu versorgen, die bereits alle entscheidenden Nährstoffe enthält, oder Sie bereiten das Futter selbst zu. Ich empfehle Ihnen einen gesunden Mix aus Fer-

tignahrung und Eigenmischungen, um die Gewöhnung an ein Futter auszuschließen. Vermeiden Sie vor allem eine zusätzliche Aufbaunahrung neben einer gesunden Welpenkost! Solche Powernahrung führt nur zu einem unnatürlich schnellen Wachstum, was wiederum zu Wachstumsdefekten führen kann, oder bei Welpen, die schon zu orthopädischen Problemen wie HD neigen, diese fördert. Setzen Sie dem selbst zubereiteten Futter ein Vitamin- und Mineralstoffpräparat zu. Das im Handel erhältliche Fertigfutter für Welpen enthält schon einen entsprechend höheren Anteil an Mineralien und Vitaminen, eine zusätzliche Aufwertung mit diesen Stoffen birgt die Gefahr der Gelenkversteifung, zu massiver und dadurch deformierter Knochen. Die noch weichen Knochen des Welpen härten durch die Einlagerung von Kalk aus, dabei ist sowohl eine Überversorgung als auch eine Unterversorgung schädlich und führt zu Wachstumsstörungen. Die genauen Dosierungen sowohl der Ergänzungspräparate, als auch des Fertigfutters entnehmen Sie bitte der jeweiligen Beilage oder dem Aufdruck.

Füttern Sie, wenn Sie den Welpen nach acht bis zehn Wochen vom Züchter abholen, zunächst nach dessen Essensplan weiter und stellen Sie erst allmählich das Futter auf Ihre bevorzugte Weise um. Der Welpe erhält so einen schonenden Übergang, der ihm sowohl die Eingewöhnung im neuen Heim, als auch seiner Verdauung die Umstellung auf ein neues Futter vereinfacht.

Bis zum Alter von etwa vier Monaten sollten Sie, je nach dem individuellen

Entwicklungsstand (als Richtlinie: nach dem Zahnwechsel), bei einer speziellen Welpenkost bleiben. Ab etwa vier Monaten füttern Sie eine spezielle Junghundkost und reduzieren die Tagesration von anfangs vier oder mehr Portionen auf nur noch drei Mahlzeiten. So erreichen Sie eine möglichst gleichmäßige Nährstoffzufuhr und somit ein gleichmäßiges Wachstum. Nach zwölf Monaten genügt es, wenn Sie nur noch zweimal täglich füttern.

Futteransprüche beim erwachsenen Hund

Rhodesian Ridgebacks sehen wir erst ab zwei bis drei Jahren als erwachsen an. Die Knochen sind erst nach ungefähr 18 Monaten stabil und können stärker beansprucht werden. Ihr Hund benötigt nun eine andere, auf die Bedürfnisse dieses Lebensabschnitts abgestimmte Kost. Die Fütterungen reduzieren Sie jetzt auf ein- bis zweimal täglich. Wann Sie die Hauptmahlzeit reichen, können Sie ganz Ihrem Tagesrhythmus anpassen, sinnvoll ist eine Fütterung morgens oder abends. Die Kost muss weiterhin ausgewogen bleiben. Sorgen Sie für Abwechslung und nehmen Sie beim Fertigfutter eine Sorte für erwachsene Hunde. Zusätzliche Vitamin- und vor allem Mineralstoffgaben sind nicht mehr erforderlich, die Vitaminzufuhr über das tägliche Futter, das Sie jederzeit mit etwas Obst und Quark aufwerten können, deckt den Bedarf. Wieviel Futter Ihr Hund benötigt, ist sehr individuell und hängt unter anderem von seiner Aktivität und seinem gesundheitlichen Zustand ab. Füttern Sie nur soviel, wie

Ihr Hund auch auf einmal frisst, Reste entfernen Sie nach jeder Mahlzeit. Frisst er seinen Napf immer leer, füttern Sie etwas mehr; lässt er immer etwas übrig, so füttern Sie etwas weniger. Über- und Untergewicht sind für Sie leicht durch einen kurzen Druck auf die Rippen zu erkennen und durch entsprechende Futterumstellung anfangs schnell zu regulieren. Ein zu fetter oder zu magerer Rhodesian Ridgeback ist anfällig für verschiedenste Krankheiten, darum müssen Sie auf sein Gewicht besonders achten. Der Rhodesian Ridgeback ist ein ausge-

Nach der achten Woche sollten die Welpen von der Mutter entwöhnt sein.. Schon ab der vierten Woche sollten Sie mit Zufütterungen beginnen.
Foto: Karin van Klaveren

zeichneter Futterverwerter, verschätzen Sie sich nicht und füttern nicht von Anfang an zuviel! Genau wie die Körpergröße, so ist auch das Idealgewicht eines Rhodesian Ridgeback nicht starr festgelegt. Die Gewichtsunterschiede innerhalb der Rasse liegen zwischen 30 bis 42 Kilogramm und gehen einher mit den Größenunterschieden und dem Geschlecht. Achten Sie auf eine Anreicherung des Futters mit wichtigen Ballaststoffen und bedenken Sie, dass Ihr ausgewachsener Hund nun durch Ihre Fütterungen nicht mehr wachsen muss, sondern nur noch seinen Zustand erhalten will. Je aktiver Ihr Rhodesian Ridgeback ist, desto mehr Nahrung benötigt er auch, in einer ruhigeren Phase wird sein Futterbedarf sinken.

Futteransprüche im Alter

Mit fortschreitendem Alter, und Rhodesian Ridgebacks zählen mit etwa acht Jahren zu den Älteren, finden im Körper Veränderungen statt, die sowohl auf einer allgemeinen Abnutzung und Schwächung, als auch auf einer ebenfalls ganz natürlichen Umstellung des Stoffwechsels beruhen. Genauso wie Ihr Hund nun ruhiger wird, ist der Stoffwechsel reduziert und langsamer. Die Verdauung ist nicht mehr so effektiv wie früher, Nährstoffe werden nicht mehr so schnell aufgenommen.

Ihr Hund benötigt nun eine leicht verdauliche Kost mit einem höheren Anteil an Kohlehydraten. Reduzieren Sie die Futtermenge, denn Übergewicht schadet Ihrem älteren Hund, es belastet die Gelenke unnötig und kann die Folgen einer bestehenden, auch nur leichten HD verschlimmern. Ihr Rhodesian Ridgeback ist nun von Natur aus ruhiger, bewegt sich weniger und dementsprechend sinkt auch sein Futterbedarf. Im Handel werden verschiedene Fertigfuttersorten für ältere Hunde als Senioren-Marken angeboten, die im wesentlichen diesen neuen Ernährungsansprüchen gerecht werden sollen. Auch kann eine

etwas teurere Premium-Marke die beste Alternative für Ihren alternden Hund darstellen. Experimentieren Sie etwas herum und fragen im Zweifelsfall Ihren Tierarzt. Gerade verschiedene Fettsäuren, mit denen Sie das Futter anreichern können oder die verschiedentlich im Futter beinhaltet sind, helfen gelenkgeschädigten Hunden oft sehr.

Seien Sie sich aber bitte im Klaren darüber, dass eine gewisse Degeneration mit all ihren Problemen im Alter völlig normal ist und nicht gestoppt werden kann. Es geht für Sie jetzt darum, Ihrem Hund das Altwerden so angenehm wie möglich zu machen, wozu auch seine richtige Ernährung gehört. Viele Rhodesian Ridgebacks bleiben so topfit bis ins hohe Alter, das meist weit über zehn Jahre betragen kann.

Was Sie sonst noch wissen müssen

Sie sehen, bis auf ein paar Regeln, an die Sie sich bei der Ernährung Ihres Rhodesian Ridgeback ebenso halten müssen wie bei Ihrer eigenen Ernährung auch, stellt Sie die richtige Ernährung Ihres Hundes vor keine unüberwindbaren Probleme. Rhodesian Ridgebacks sind robuste Zeitgenossen, dennoch kann auch ihnen durch eine grundsätzlich falsche Ernährung geschadet werden. Gerade übergewichtige Hunde werden Probleme mit den Gelenken bekommen und ihre Lebenserwartung ist geringer als die von normalgewichtigen Artgenossen. Besonders kastrierte Hunde Hündinnen neigen dazu, schneller etwas Speck anzusetzen, und müssen deshalb besonders kalorienarm ernährt werden.

Die Hundeerziehung ist eine oftmals kontrovers diskutierte Angelegenheit. Die einen sehen in ihr die Vermenschlichung eines „wilden" Tieres, die anderen, und dazu zähle ich mich, halten eine solide Grunderziehung für unabdingbar. Ihren Rhodesian Ridgeback gar nicht zu erziehen, halte ich schlichtweg für unrealistisch und nicht durchführbar. Schon das Aufzeigen von Freiheiten und Beschränkungen mündet in einer Erziehung, und einen Rhodesian Ridgeback in völliger Freiheit und Eigenverantwortung zu halten hieße, ihm alles zu erlauben. Ich vertrete hier nicht die Ansicht, dass ein Hund irgendwelche Kunststücke vorführen sollte. Neben den gesundheitlichen Risiken sind diese Kunststücke nicht notwendig für eine funktionierende Hund-Mensch-Beziehung. Für notwendig halte ich allerdings eine Grunderziehung, die ein Zusammenleben in einem sozialen Umfeld ermöglicht. Hierzu gehört auf Seiten des Rhodesian Ridgeback das Befolgen verschiedener Kommandos, genauso wie seine Stubenreinheit und das Unterlassen von eindeutig belästigenden Verhaltensweisen wie Betteln oder das Anspringen von Menschen. Rhodesian Ridgebacks sind nicht immer einfache Hunde, die einer einfühlsamen, doch konsequenten Erziehung bedürfen. Sie sollten die Begleithundeprüfung dabei auf jeden Fall anstreben. Die Erziehung

Für die Erziehung des Rhodesian Ridgeback ist eine Menge Verständnis und Einfühlungsvermögen notwendig. Der Ridgeback ordnet sich nicht einfach unter, sondern will Ihr Partner sein. Zwang und Härte führen bei seiner Erziehung nicht zum Ziel. Foto: I. Francais

Ihres Hundes muss auf gegenseitigem Respekt und Vertrauen aufgebaut sein, nicht auf Bestrafungen und Zwang.

Ihr Hund muss Sie und Sie müssen Ihren Hund verstehen lernen. Auf Ihrer Seite gehört zu einer guten Erziehung neben dem sinnvollen Vermitteln, wie Ihr Hund auf Ihre Kommandos reagieren muss, vor allem die Konsequenz aller an der Erziehung beteiligten Personen. Sie können nicht erwarten, dass Ihr Rhodesian Ridgeback Ihnen beim ersten Üben gehorcht, denn auch wenn es trivial klingen mag, er versteht Sie nicht. Sie müssen ihm genau zeigen, was Sie von ihm wollen. Jeder, der mit dem Hund zu tun hat, muss sich dabei an eine einheitliche Erziehung halten. Jedes Kommando kann nur eine Handlung nach sich ziehen, Verbote müssen einheitlich gehandhabt werden, denn was bei einem Mitglied der Familie verboten ist, darf von den anderen nicht erlaubt werden. Rhodesian Ridgebacks haben aufgrund ihrer Vergangheit als Jäger einen eigenen Willen, der Ihnen ein gewisses Feingefühl abverlangt. Dabei müssen Sie es schaffen, Ihrem Hund das Gefühl des Partners genauso zu vermitteln, wie die eindeutige Rangfolge abzustecken.

Mit der Erziehung des Welpen beginnen Sie ab dem ersten Tag Ihres Zusammenlebens. Auch wenn Rhodesian Ridgebacks als spätreife Hunde gelten und dies auch sind, lernen sie vom ersten Moment ihres Zusammenlebens von Ihnen. Die Stubenreinheit ist eines der Themen, die Sie sicher schnell in den Griff bekommen wollen. Auch andere Kommandos, wie zum Beispiel das Auslassen, sind sehr wichtig, nicht zu reden von einer schnellen Gewöhnung an das Alleinsein und die Leine. Fangen Sie mit Ihren Lektionen also früh an, überfordern Sie aber Ihren Welpen nicht! Üben Sie anfangs nicht länger als ein paar Minuten am Stück und wiederholen Sie die einzelnen Lektionen lieber häufiger am Tag. Auch Rhodesian Ridgebacks lernen, genau wie Menschen, nicht alle gleich schnell und nicht alle mit dem gleichen Interesse. Verlieren Sie nicht die Geduld, wenn die Übungen ausfallen, weil Ihr Kleiner lieber spielen will!

Die Übungen müssen in Ruhe ablaufen und die Konzentration des Hundes muss bei Ihnen sein. Trainieren Sie also nicht nach oder vor den Essenszeiten, nach größeren Anstrengungen oder in ungewohnter oder aufregender Situation. Jeder Lernerfolg, sei er noch so klein, wird von Ihnen durch Worte, Streicheln, eine Leckerei (was nicht Süßigkeit bedeutet!) und einfach Spielen belohnt. Halten Sie sich an diese Grundregeln, wird sich bei jedem Rhodesian Ridgeback der Lernerfolg rasch einstellen und auch möglichst angenehm für beide Seiten zeigen.

Die Stubenreinheit

Wenn Sie sich einen acht bis zehn Wochen alten Welpen ins Haus holen, steht neben viel Spaß und Spiel auch eine Menge Arbeit an. Bei allen anderen Dingen, die Ihr Rhodesian Ridgeback nun lernen und kennenlernen soll, steht die Stubenreinheit ganz oben auf der Liste der zu erledigenden Dinge. Ihr Ziel hierbei ist es, dass der Welpe sein Geschäft nur außerhalb der Wohnung verrichtet. Glücklicherweise zeigt Ihr Welpe an,

wann er ein Geschäft zu verrichten hat. Er wird unruhig, schnuppert viel auf dem Boden, dreht sich leicht im Kreis. Nun wird es Zeit mit ihm nach draußen zu gehen, bis er seine Notdurft verrichtet hat und Sie ihn ausgiebig gelobt haben. Auch nach jeder Mahlzeit und jedem Schlaf müssen Sie mit dem Kleinen nach draußen gehen und ihn nach verrichteter Dinge ausgiebig loben. Damit nachts kein Malheur passieren kann, muss sich Ihr Rhodesian Ridgeback melden, wenn er muss. Da Hunde niemals ihren eigenen Schlafplatz beschmutzen, genügt es meistens, dass Sie diesen nachts beispielsweise mit einem kleinen Zaun oder Gitter abtrennen, so dass sich Ihr Welpe in seiner Not sicher bemerkbar machen wird.

Sollte es trotz aller Umsicht doch einmal zu einem Unfall in der Wohnung kommen, können Sie Ihren Rhodesian Ridgeback, wenn Sie ihn auf frischer Tat ertappen, ruhig durch ein strenges „Pfui" oder „Nein" auf Ihr Missfallen hinweisen. Entdecken Sie sein Geschäft allerdings erst später, so wird er bei einer Ermahnung nicht mehr die Verbindung zu seinem Missgeschick erkennen können. Es bleibt Ihnen nur, die Sache gründlich zu reinigen, damit ihn der Geruch nicht zu weiteren Missetaten verleitet.

Das Alleinsein

Aller Anfang ist schwer und auch die späteren selbstverständlichsten Dinge müssen geübt werden, so auch das Alleinsein. Es ist letztlich nur eine Frage der Gewöhnung und des Vertrauens, das Ihr Hund in Sie hat, denn dass er bellt und sich unwohl fühlt, wenn Sie ihn allein lassen,

Denken Sie dran!

Ihr Verein bietet regelmäßige Treffen auf dem Hundeübungsplatz an. Sie sehen andere Halter und Hunde und können Ihre Erfahrungen und Probleme in der Hundeerziehung mit erfahrenen Hundetrainern diskutieren. Neben diesen Treffen werden auch gemeinsame Spaziergänge angeboten, die eine weitere Möglichkeit sind, mit anderen Hundehaltern in Kontakt zu kommen.

liegt an seiner Unsicherheit, ob und wann Sie wiederkommen. Beweisen Sie ihm, dass er sich auf Sie verlassen kann, indem Sie ihn anfangs nur sehr kurz alleine lassen. Beobachten Sie ihn dabei, kehren Sie aber erst dann in das Zimmer zurück, wenn er aufhört nach Ihnen zu rufen. Er soll nicht lernen, dass Sie kommen, wenn er bellt, sondern dass Sie immer wiederkehren. Üben Sie dies mit Ihrem Welpen sofort nach der Eingewöhnung, denn nur so vermeiden Sie einen Rhodesian Ridgeback, der später vor dem Supermarkt von der ersten bis zur letzten Minute die Nachbarschaft zusammenkläfft. Auch Ihrem Hund wird dies ein angenehmeres Leben bereiten und er wird sich bei einer kleinen Belohnung nach jeder Rückkehr sicher schnell an das gelegentliche Alleinsein gewöhnen.

Die Leinenführung und „Fuß" gehen

Sich an die Leine zu gewöhnen bedeutet nicht nur, dass sich Ihr Rhodesian Ridgeback die Leine bereitwillig anlegen lässt, sondern vielmehr auch, dass er beim Spazierengehen nicht ständig daran zerrt, sondern „Fuß" läuft. Ein ausgewachsener Rhodesian Ridgeback kann Ihnen da schon gewaltige Schwierigkeiten machen, wenn er seinen Willen durchsetzen will und nicht auf Ihre Kommandos hört.

Zuerst sollten Sie Ihren Welpen an das Anlegen und Tragen der Leine gewöhnen. Dies schaffen Sie am besten durch häufigeres Anlegen, Loben und wieder Abnehmen, natürlich nur im sinnvollen Umfang, sonst wird es Ihrem Welpen schnell lästig.

Auf den Spaziergängen muss Ihr Rhodesian Ridgeback lernen, locker an der Leine neben Ihnen zu laufen. Das gebräuchliche Kommando ist ein kurzes, energisches „Fuß". Als Unterstützung und um die Aufmerksamkeit Ihres Welpen zu erhalten, nennen Sie zunächst seinen Namen und klopfen sich leicht auf die Schenkelseite, an der der Hund laufen soll. Normalerweise läuft der Hund an Ihrer linken Seite, wobei Sie die Leine in der rechten Hand halten. Wie bei allen erzieherischen Maßnahmen loben Sie Ihren Hund ausgiebig, wenn er Ihrem Befehl folgt. Eine Belohnung durch ein Leckerli sollte nicht zur Gewohnheit werden, kann aber gerade anfangs den Lernerfolg beschleunigen. Damit Ihr Hund nun auch auf gleicher Höhe und im gleichen Tempo mit Ihnen läuft, klopfen Sie sich leicht gegen den Oberschenkel, um so seine Aufmerksamkeit weiter zu erhalten. Bleibt er bei Ihnen, wird er gelobt. So lernt Ihr Hund, bei Ihnen zu laufen. Entfernt er sich, können Sie mit

Zur richtigen Erziehung gehört eine Menge Übung. Neben vielen Kommandos ist das Laufen an der Leine für den Hund in verkehrsreichen Gebieten eine wahre Lebensversicherung, um nicht vor ein Auto zu laufen.
Foto: I. Francais

Ihrer linken Hand die Leine ergreifen und ihn durch ein kurzes Ziehen und ein strenges „Nein" oder das neuerliche Kommando „Fuß" auf Ihre Missbilligung aufmerksam machen. Sobald er darauf reagiert und wieder an Ihrer Seite läuft, wird er belohnt.

Kommen auf Ruf

Das Kommen auf Ruf ist die Grundvoraussetzung, soll Ihr Hund ohne Leine laufen. Gleichzeitig ist das Üben dieses Kommandos nur ohne Leine wirklich sinnvoll. Suchen Sie sich als Übungsplatz ein möglichst übersichtliches und für Ihren Rhodesian Ridgeback ungefährliches Gelände aus, das möglichst wenig Ablenkung vor allem in Form fremder Hunde bietet. So können Sie sich einer größeren Aufmerksamkeit sicher sein. Aber auch in der eigenen Wohnung oder auf dem eigenen Grundstück können Sie mit dem Üben anfangen und Ihren Hund zum Beispiel zu jeder Mahlzeit rufen, die Belohnung steht dann schon da!

Dem Kommando „Komm" stellen Sie den Namen Ihres Rhodesian Ridgeback voran. Der Wortklang ist einladend und freundlich, beinahe lockend. Zur Unterstützung klatschen Sie in die Hände oder auf Ihre Schenkel. Kommt Ihr Hund nun angelaufen, loben Sie ihn und zeigen Ihre Freude. Kommt Ihr Hund nicht, rufen Sie erneut und können sich als Unterstützung leicht von ihm entfernen oder zumindest in die Hocke gehen. Beide Maßnahmen vergrößern den Abstand zwischen Ihnen zumindest optisch, was Ihren Hund sicher zu Ihnen kommen lässt. Dabei wiederholen Sie das Kommando und loben Ihren Hund, wenn er bei Ihnen ist. Auch wenn er aus Ihrer

Sicht zu spät oder erst nach vielen Wiederholungen reagiert, muss er von Ihnen belohnt werden, denn er hat kein Verständnis für Ihre Interpretation „das war aber sehr spät". In einer Bestrafung sieht er nur den Zusammenhang zu seinem Erscheinen. Er wird es als eine negative Erfahrung bewerten, auf dieses Kommando zu Ihnen gekommen zu sein – und es das nächste Mal vielleicht lassen. Vermeiden Sie beim Üben bitte auf jeden Fall jede Art von Jagdsituation, indem Sie Ihrem Hund hinterherlaufen, wenn er nicht auf Ihr Kommando reagiert. Dieses Einkriegespiel macht Ihrem Hund außerordentlich viel Spaß und er wird wohl eine ganze Weile lang der Sieger bleiben.

Das Auslassen

Nicht alles, was Ihr Rhodesian Ridgeback in sein Maul nimmt, gehört auch dort hinein. Gerade Welpen nehmen, wie kleine Kinder, alles ins Maul oder knabbern Dinge an, die nicht für sie bestimmt sind. Dabei kann so einiges auch in den Magen wandern, was dort nichts zu suchen hat. Im schlimmsten Fall stellt dies eine ernsthafte Gefahr für die Gesundheit des Hundes dar. Das Kommando zum Auslassen ist ein kurzes und strenges „Aus", angeführt vom Namen Ihres Hundes, um dessen Aufmerksamkeit zu erlangen. Sie müssen Ihrem Welpen dieses Kommando schnell beibringen, denn es ist sehr wichtig, dass er nichts frisst, was er nicht fressen darf und was ihm schaden kann. Er sollte den Befehl möglichst noch vor der ersten Situation kennen und befolgen können, in der er etwas Unerlaubtes fressen will.

Sie üben diesen Befehl mit Ihrem Hund am besten mit einem Spielzeug oder Kauknochen. Sagen Sie das Kommando und ziehen dann nur leicht an dem Gegenstand in seiner Schnauze. Das machen Sie solange, bis Ihr Hund den Gegenstand freigibt. Ein dickes Loben folgt und, wenn Sie wollen, ein kleines Leckerli oder die Rückgabe des Übungsgegenstandes – das stärkt sein Vertrauen in Sie. Die Umsetzung der Theorie ist bei diesem Kommando oftmals etwas schwierig, da der Hund ganz natürlich seinen Besitz verteidigen will und nicht gerade sehr kooperativ auf das Anfassen und Herausziehen eines Gegenstandes aus seinem Maul reagieren kann. Hier ist Ihr Fingerspitzengefühl für die Situation gefragt, das Ganze genau nicht in ein Gerangel eskalieren zu lassen. Ein energisches „Nein" kann von Ihnen angebracht werden, wenn der Hund es zu toll zu treiben anfängt. Doch auch dieses Kommando wird nach einer Weile verstanden werden und Ihr Rhodesian Ridgeback lässt dann auf Befehl aus, was immer er gerade im Maul hat.

Das „Sitz"

Das „Sitz" ist ein recht einfach zu vermittelndes Kommando, das kurz und betont erteilt wird. Sie nennen zunächst den Namen Ihres Hundes, dann ein kurzes und bestimmtes „Sitz". Eine geeignete Möglichkeit, dieses Kommando zu üben, ist vor einer Mahlzeit oder der Vergabe eines Leckerlis. Nehmen Sie hier das Leckerli oder den Fressnapf in die Hände und stellen sich vor Ihren Hund. Wahrscheinlich wird er unruhig sein und auf das Fressen warten. Erteilen Sie jetzt das

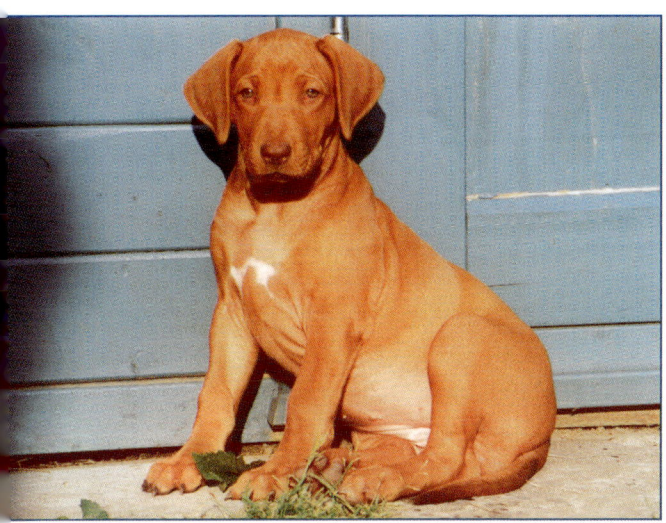

Die Erziehung
Ihres Welpen
beginnt zwar
von der ersten
Minute an, aber
muten Sie dem
Kleinen nicht zu
viel zu. Ein paar
Minuten am Tag
genügen.
Foto: Karin van
Klaveren

Sollten Sie Ihren Rhodesian Ridgeback an der Leine führen, bedenken Sie, dass er nicht aus vollem Lauf sofort auf Ihr Kommando reagieren kann. Verlangsamen Sie deshalb Ihr Tempo, bevor Sie das Kommando geben. Gegebenenfalls üben Sie mit der Hand, auf deren Seite Ihr Hund gerade läuft, einen leichten Druck auf sein Hinterteil aus, ohne dass Sie sich jedoch über ihn beugen, was er als bedrohlich empfindet und ängstlich reagieren wird.

Sollte Ihr Rhodesian Ridgeback den Befehl verweigern, quittieren Sie jedes andere als das gewünschte Verhalten mit einem strengen „Nein".

Komando und belohnen Sie Ihren Schützling nachdem er sich setzt. Wahrscheinlich setzt sich Ihr Rhodesian Ridgeback von ganz alleine hin, denn dies ist eine höchst natürliche Position für den Hund. Auf Dauer ist das „Sitz" neben dem „Platz" eines der häufigsten Kommandos und Ihr Hund muss lernen, es schnell zu befolgen. Es genügt am Anfang sicher nicht, den Befehl nur bei den paar Mahlzeiten am Tag zu üben, auch muss der Hund nicht immer mit einem Leckerli belohnt werden, er wird sich über Ihr Lob und Ihre Freude mitfreuen können. Reagiert Ihr Hund anfangs nicht auf das Kommando, versteht er es vielleicht nicht, dann halten Sie eine Leckerei hoch, so dass er sich automatisch vor Sie setzt. Auch wenn er nur mit dieser kleinen Hilfe zum Sitzen kommt, wird er von Ihnen wieder ausgiebig gelobt. Der Hund darf seine Position erst aufgeben, wenn Sie ihm dies erlauben.

Das „Platz"

Von der Qualität her ist das „Platz" dem „Sitz" sehr ähnlich und kann auch sehr ähnlich geübt werden. Warten Sie zunächst ab, bis Ihr Hund das Sitz beherrscht. Der Schritt ist dann nicht mehr weit, denn sitzt Ihr Rhodesian Ridgeback erst einmal, können Sie nach dem Kommando „Platz" ein Leckerli tiefer vor ihn halten, so dass er sich von selbst in eine liegende Haltung begibt. Hat er diese eingenommen, loben Sie ihn. Auch für das Platz gilt, dass Ihr Hund seine Position erst aufgeben darf, wenn Sie ihm dies erlauben. Um dieses Verhalten zu unterstützen, können Sie beim Belobi-

So dynamisch und aktiv Ridgebacks auch sind, sie können es sich genauso gut stundenlang an einem sonnigen Platz bequem machen.

Hunde sind Rudeltiere und nicht gerne allein. Wenn Sie berufstätig sind und wenig Zeit haben, sollten Sie die Anschaffung eines Hundes generell über- denken, denn kein Hund sollte jeden Tag über viele Stunden allein sein. Aber auch wenn Sie viel Zeit haben, sollten Sie sich über die An- schaffung eines zweiten Hundes Gedanken machen.
Foto: I. Francais

Das „Sitz" ist eines der grundlegenden Kommandos, die Ihr Ridgeback schnell lernen sollte. Auch wenn die Meinungen über die Hundeerziehung weit auseinander gehen, sind sich doch fast alle darüber einig, dass eine Grundausbildung bei jedem Hund notwendig ist und das Zusammenleben erst angenehm macht.
Foto: I. Francais

gen seinen Rücken sanft festhalten, so dass Ihr Hund gar nicht aufstehen kann. Später reagiert Ihr Hund dann allein auf das Kommando „Platz", ohne dass Sie den Umweg über das „Sitz" gehen müssen. Ein sinnloses Unterfangen wäre es allerdings zu versuchen, den Hund aus dem Stehen durch Druck auf den Rücken sofort in die Platzposition zu bringen, hier ist selbst ein Welpe stark genug, Ihrem Drücken zu widerstehen, und Verletzungen der noch schwachen Wirbelsäule möchten Sie nicht riskieren.

Führen Sie Ihren Hund an der Leine, geben Sie auch das Kommando „Platz" erst, nachdem Sie den Schritt verlangsamt haben und fast zum Stehen gekommen sind. Geben Sie das Kommando im vollen Lauf, braucht Ihr Hund zu lange, um es umzusetzen, bleiben Sie erst stehen, bevor Sie das Kommando geben, wird Ihr Hund noch ein paar Schritte weiterlaufen und unweigerlich nicht neben sondern vor Ihnen zum Sitzen oder Liegen kommen. Als Folge dreht er sich nach Ihnen um und kommt vielleicht sogar zurückgelaufen.

Das Betteln

Eine eher lästige und unschöne Angewohnheit, die Ihrem Rhodesian Ridgeback auch nur schwer abzugewöhnen ist, ist das Betteln. Gerade am Tisch und wenn Gäste da sind, kann ein bettelnder Hund nicht nur sehr anstrengend werden, eine nasse Hundeschnauze auf

dem Esstisch ist zudem nicht sehr appetitlich. Das Betteln ist eine Angewohnheit, die Sie am besten gar nicht erst entstehen lassen. Hierzu ist lediglich Ihre Konsequenz notwendig, denn Sie können Ihrem Rhodesian Ridgeback nicht alles erlauben und jeden Wunsch erfüllen. Nur wenn Sie von der ersten Minute an konsequent sein Betteln ignorieren und wenn notwendig mit einem deutlichen „Nein" unterbinden, werden

Sie später einen Hund besitzen, der auch beim leckersten Schnitzel auf Ihrem Teller brav zu Ihren Füßen liegt.

Ihr Missfallen deutlich machen

Ein heikles Thema in der Erziehung, und sicher nicht nur in der von Hunden, ist die richtige Art der Bestrafung. Ihrem Rhodesian Ridgeback zeigen Sie Ihr Missfallen seines Tuns am besten mit einer eindeutigen Geste und einem strengen, bestimmten Tonfall. Die gebräuchlichen Kommandos sind „Pfui" oder „Nein". Eine Bestrafung in Form von Schlägen ist nicht der richtige Weg und zeigt nur die Charakterschwäche des Halters. Ihr Hund muss Sie als seinen Rudelchef respektieren und auf Sie hören. Wenn er merkt, dass Sie mit ihm unzufrieden sind und Sie ihm dies durch Ihre Ermahnung zeigen, ist dies für ihn Strafe genug. Bitte halten Sie sich daran.

Sie können das Fehlverhalten Ihres Hundes nur im direkten zeitlichen Zusammenhang mit seiner Missetat bestrafen. Bei einer späteren Mahnung wird er den Zusammenhang mit seinem Fehlverhalten selbst nicht mehr herstellen können. Das Beispiel des streunenden Hundes macht diese für Sie missliche Situation sehr deutlich. Wenn Ihr Rhodesian Ridgeback einmal ausreißt und erst nach Stunden nach Hause zurückkehrt, so dürfen Sie ihn nicht für sein Fortgehen bestrafen, sondern im Gegenteil, Sie loben ihn für seine Rückkehr. Eine

Bestrafung zu diesem Zeitpunkt sieht er im Zusammenhang mit seiner Rückkehr, nicht mit seinem Verschwinden. Würde er in diesem Moment bestraft, bliebe er das nächste Mal aus Angst vor der Bestrafung länger weg oder käme gar nicht wieder. Eine Ermahnung ist also nur zu dem Zeitpunkt möglich und sinnvoll, in dem Ihr Hund streunen gehen will. Dies gilt für alle Fälle, in denen Sie ein Fehlverhalten erst später bemerken.

Die weitere Ausbildung des Rhodesian Ridgeback

Es gibt verschiedene Möglichkeiten, Ihren Rhodesian Ridgeback auszubilden. Eine Begleithund-Prüfung ist jedem Hundehalter zu empfehlen, sie gibt Ihnen und Ihrem Hund die notwendige Sicherheit im Umgang miteinander. Darüber hinausgehende Ausbildungen sollten auf der natürlichen Veranlagung der Rhodesian Ridgebacks basieren.

Bei allem Training dürfen auch Spaß und Spiel nicht zu kurz kommen. Trainieren Sie nur in entspannter Atmosphäre und erlauben Sie Ihrem Hund die kleinen Unterbrechungen, in denen er seine Anspannung abbauen kann
Foto: Karin van Klaveren

Grundregeln zur Erziehung

Konsequenz

Was dem Hund von einem Familienmitglied verboten wird, muss automatisch auch bei allen anderen Familienmitgliedern verboten sein.

Kommandos (Hörzeichen)

Alle Kommandos (ausgenommen das „Komm") sind kurze und energisch gesprochene Befehle, keine Bitten. Es muss dem Hund möglich sein, die unterschiedlichen Kommandos anhand verschiedener Stimmlagen zu unterscheiden, weshalb jede Übung ihr eigenes Kommando hat. Verwenden Sie also niemals ein Kommando für zwei unterschiedliche Übungen, denn das bringt den Hund völlig durcheinander.

Gewöhnen Sie Ihren Hund nicht daran, erst auf das dritte oder vierte Kommando zu hören. Nach dem ersten nicht befolgten Befehl erfolgt sofort die unmittelbare Einwirkung und die Wiederholung der Übung bis zur richtigen Ausführung. Der Hund wird schnell begreifen, dass er sich den Tadel (negativer Reiz) erspart, wenn er gleich beim ersten Kommando Folge leistet und gelobt wird (positiver Reiz). Beenden Sie eine Übungslektion stets mit einem Kommando, das der Hund gut ausführt und somit mit einem Lob belohnt werden kann.

Hierzu gehört ihre Vergangenheit als Jagdhund und die damit einhergehende gute Nasenveranlagung. Der Rhodesian Ridgeback eignet sich sehr gut als Fährtenhund, als Spürhund und wird zunehmend auch als Rettungshund bei Bergungsarbeiten eingesetzt. Informationen über Übungsplätze, Treffen oder eine erste Beratung erhalten Sie von den jeweiligen Vereinen. Auch Ihr Rhodesian Ridgeback-Verein kann Ihnen sicher weitere Auskünfte hierzu erteilen. Selbstverständlich eignet sich der Rhodesian Ridgeback auch heute noch als Jagdhund, auch wenn er selten jagdlich geführt wird. Nicht geeignet ist der Ridgeback als Schutzhund und für jegliche in diese Richtung zielende Ausbildung. Er wurde nie als Schutzhund gezüchtet und ist hierfür einfach nicht bestimmt. Jede Ausbildungsform, die seine absolute Unterordnung fordert, ist nichts für einen Rhodesian Ridgeback! Diese Hunde sind selbstbestimmt, partnerschaftlich und mit Sicherheit eigene Persönlichkeiten, die auf Zwang und Druck nur mit Unverständnis und Verweigerung reagieren.

Der alte Spruch „Vorsicht ist besser als Nachsicht" ist besonders beim Thema Gesundheit aktuell und schon beinahe eine Grundweisheit. Viele Gesundheitsprobleme Ihres Rhodesian Ridgeback sind vermeidbar, wenn Sie sich genau darüber informieren, wo die Gefahren für Ihren Hund liegen und wie sie sie möglichst gering halten oder gar ausschließen können. Hierzu gehören die unterschiedlichsten Kapitel der Hundehaltung und eine verantwortungsbewusste Gesundheitsvorsorge umfasst neben einer artgerechten Haltung und einem artgerechten Umgang mit Ihrem Rhodesian Ridgeback ganz entscheidend die Punkte Ernährung und die Krankheitsvorsorge, wie sie in diesem Kapitel beschrieben wird.

Ganz trennen lassen sich die einzelnen Faktoren nicht, denn zu einer umfassenden Krankheitsvorsorge gehört eine gesunde Ernährung und auch eine solide Erziehung, die Ihrem Rhodesian Ridgeback gezeigt hat, welchen Gefahren er sich nicht aussetzen darf. Da diese beiden Teilbereiche der Hundehaltung schon ausführlich besprochen wurden, setzen wir uns nun mit der eher medizinischen Seite der Vorsorge auseinander und Themen wie Impfungen und Besonderheiten der einzelnen Lebensabschnitte stehen im Mittelpunkt. Ich möchte nur kurz auf die Zucht eingehen, die ausdrücklich mit dem Schwerpunkt der Gesundheit der Nachkommen und weniger mit Blick auf den Rassestandard besprochen wird. Rassezucht und Gesundheit scheinen nicht immer Hand in Hand zu gehen. Bei den Rhodesian Ridgebacks wird die Gesundheit der Hunde aber klar in den Vordergrund gestellt.

Zucht und Auswahl der Elterntiere

Wer züchten möchte, muss sich darüber im Klaren sein, dass die Aufzucht der Welpen anstrengend sein wird und eine Vollzeitbeschäftigung ist. Mit der Zucht lässt sich unter günstigen Umständen etwas Geld verdienen, aber das Risiko unkalkulierbarer Tierarztkosten im Krankheitsfall macht die Zucht, wird sie seriös betrieben, keinesfalls zu einem lukrativen Geschäft, sondern vielmehr zu einer Passion begeisterter Hundeliebhaber. Abgesehen von allen Auflagen, die Ihre Vereine vor der Belegung Ihrer Hündin und dem Deckrüden machen, müssen Sie sich über die Gesundheit Ihrer Rhodesian Ridgebacks informieren.

Zur medizinischen Vorsorge gehört neben der Untersuchung auf verschiedene Erbkrankheiten auch eine Untersuchung auf HD und Katarakt. Hunde, die

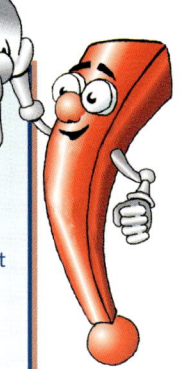

Denken Sie dran!

Der beste Schutz vor Unfällen ist die Vorsorge und Vermeidung gefährlicher Situationen. Je jünger Ihr Hund ist, desto unerfahrener ist er auch. Wie ein kleines Kind muss er erst noch lernen, mit Gefahren richtig umzugehen. Zeigen Sie ihm, was gefährlich für ihn ist und seien Sie besonders in Gebieten aufmerksam, die auch Ihnen noch unbekannt sind.

Ihrem Hund sind viele Instinkte von Natur aus angeboren, die ihn Gefahren spüren lassen. Er ist besonders von Gefahren bedroht, die im menschlichen Umfeld existieren, wie beispielsweise Strom und der Straßenverkehr. Foto: I. Francais

mit einem Dermoid Sinus geboren wurden, sind von der weiteren Zucht auszuschließen. Der ausreichende Impfschutz ist genauso Voraussetzung wie eine wiederholte Entwurmung der Elterntiere, auch wenn dies keine Zuchtvoraussetzungen sind. Der beschriebene Zuchtwert muss in den vorgeschriebenen Grenzen liegen und die Hündin in einem gesundheitlich einwandfreien Zustand sein, um den Strapazen der Geburt und Aufzucht gewachsen zu sein. Die richtige und verantwortungsbewusste Auswahl der Eltern ist der entscheidende Grundstein nicht nur für Ihre eigenen Welpen, sondern auch insgesamt für das Fortbestehen einer gesunden Rasse. Dafür tragen alleine Sie und der Verein mit seiner Zuchtüberwachung die Verantwortung. Doch nur soviel an dieser Stelle zur Zucht, die nicht Hauptthema dieses Buchs ist. Erkundigen Sie sich hierzu am besten bei erfahrenen Züchtern und Tierärzten nach den möglichen Komplikationen und dem normalen Ablauf einer Schwangerschaft. An dieser Stelle will ich mit der Besprechung der Gesundheitsvorsorge beginnen.

Allgemeine Vorsichtsmaßnahmen

Der einfachste und zugleich effektivste Rat zur Gesundheitsvorsorge ist in meinen Augen: Beobachten Sie Ihren Hund und fragen Sie sich bei auftretenden Verhaltensänderungen und äußerlich erkennbaren Veränderungen, woran dies liegen könnte. Das müssen gar keine großen Wesensänderungen oder deutlich sichtbare Ekzeme oder Ausflüsse sein, das können ganz subtil verlaufende Erscheinungen sein, die Sie aber von Anfang an nicht zur Seite schieben und vernachlässigen dürfen. Lieber gehen Sie der Sache einmal zu oft nach, als vielleicht den Beginn einer Krankheit zu überspielen, die dann in einigen Fällen nicht oder nur sehr viel aufwändiger und somit auch kostenintensiver behandelt werden kann. Doch ich will mich nicht an den Kosten aufhalten, denn ich denke, dass für Sie als verantwortungsbewussten Hundehalter die Gesundheit Ihres Rhodesian Ridgeback das Maß der Dinge ist, nicht die zu befürchtenden Arztrechnungen. Neben den Beobachtungen an Ihrem

Rhodesian Ridgeback spielen aber noch andere Faktoren in eine direkte Vorsorge mit hinein. Dazu zählt ganz entscheidend Ihre Aufmerksamkeit und Ihr Gespür für gefährliche Situationen. Obwohl den Rhodesian Ridgebacks schon von Natur aus bestimmte Instinkte zur Gefahrenvermeidung mit in die Wiege gelegt werden, kennen sie kein Stadtle-ben, keine Autos, keine Elektrizität oder andere künstliche Gefahrenquellen. Hier ist es eindeutig an Ihnen, diese Gefahren für Ihren Rhodesian Ridgeback zu minimieren und fahrlässige Situationen zu vermeiden. Achten Sie auch darauf, was Ihr Hund in die Schnauze nimmt, was er frisst, woran er riecht, womit er gerne spielt. Viele Dinge, die bei Ihnen

Damit Ihr Ridgeback lange Zeit so gesund bleibt, bedarf es einer verantwortungsbewussten Haltung.
Foto: S. u. H. Dilk

in der Wohnung, im Haus oder im Garten herumliegen, sind für Sie keine Gefahr, können aber von Ihrem Rhodesian Ridgeback verschluckt werden, ihm die Luft abschnüren oder im Magen-Darm-Trakt zu ernsthaften Problemen führen. Ebenso sind Süßigkeiten und chemische Mittel für Ihren Hund gefährlich, sie sind meist schwer krank machend oder gar tödlich. Achten Sie genau darauf, was Sie wo herumliegen lassen und ob es für Ihren Hund erreichbar ist, wenn er denn unbedingt will.

Welpen knabbern gerne an allen möglichen Dingen herum und Stromkabel sind da eine echte Gefahr. Im Kapitel „Erste Hilfe" finden Sie einige Anregungen, wie Sie diesen Gefahren begegnen können.

Neben den Vorkehrungen, die Sie im häuslichen Umfeld Ihres Rhodesian Ridgeback treffen können, sind Vorkehrungen aus medizinischer Sicht nicht nur empfehlenswert, sie sind ein absolutes Muss. Ich spreche hier nicht von Gefahren, die von unserer technischen Zivilisation ausgehen, sondern von Krankheitserregern aller Art. Neben Impfungen gegen die häufigsten Krankheiten, auf die ich noch detailliert eingehen werde, gehört hierzu auch das Wissen darum, wo die Krankheitserreger lauern und wie sich Ihr Hund anstecken kann. In Ihrem eigenen Sinn und in dem aller Hundehalter isolieren Sie Ihren infizierten Hund genauso, wie Sie es von anderen Hundehaltern erwarten. Achten Sie trotzdem auch bei Ihnen unbekannten Hunden auf deren Äußeres und vermeiden Sie den Kontakt zu Ihrem Hund, wenn Sie offensichtliche Anzeichen der Verwahrlosung oder Krankheit erkennen.

Da Sie im Kapitel „Infektionen und Parasitosen" genau erfahren können, wie die Infektionsketten der einzelnen Krankheiten verlaufen, möchte ich dies an dieser Stelle übergehen und näher auf den Sinn und die Praxis der üblichen Schutzimpfungen eingehen.

Impfungen

Es existieren heutzutage gegen einige der gefährlichsten Infektionskrankheiten gute Impfstoffe, die Ihren Hund meist völlig von den pathologischen, also krankmachenden Folgen einer Infektion bewahren. Auch wenn nicht immer ein absoluter Impfschutz garantiert ist, ist der Krankheitsverlauf eines geimpften Rhodesian Ridgeback generell leichter als der eines völlig ungeschützten Hundes.

Eine Impfung, und das ist wichtig zu verstehen, schützt nicht vor der eigentlichen Infektion, denn sie hindert die Krankheitserreger nicht, in den Körper einzudringen. Eine Impfung bereitet das Immunsystem des Geimpften nur auf den Erreger und seine Bekämpfung vor. In den Gedächtniszellen des Immunsystems sind nach der erfolgten Impfung nebst Auffrischung Antiköper gespeichert, die den jeweiligen Eindringling spezifisch bekämpfen können. Dazu muss der Erreger aber erst einmal in das Kreislaufsystem des Hundes gelangen. Die eigentliche Krankheit mit all ihren unangenehmen, im schlimmsten Fall tödlichen Wirkungen und Symptomen ist also nicht das Eindringen in den Körper, sondern die unkontrollierte Ver-

Impfschema der Grundimmunisierung

Zeitpunkt	Impfung gegen	Kommentar
6. Woche	Parvovirose Staupe	} Vorgezogen bei erhöhtem Infektionsrisiko
8. Woche	Parvovirose Staupe Hepatitis c.c. Leptospirose Zwingerhusten (Virushusten)	} wenn nicht bereits in der sechsten Woche generell möglich, empfohlen, wenn Hund zu Risikogruppe gehört
10. Woche	Parvovirose	Auffrischung, wenn bereits in der sechsten Woche das erste Mal geimpft wurde
12. Woche	Parvovirose Staupe Hepatitis c.c. Leptospirose Zwingerhusten (Virushusten)	Auffrischung, wenn bereits in der achten Woche das erste Mal geimpft wurde Auffrischung, wenn in der achten Woche geimpft wurde
ab 12. Woche	Tollwut	
jährlich	Parvovirose Leptospirose Tollwut Zwingerhusten Staupe Hepatitis c.c.	} Auffrischung

mehrung der Erreger darin. Genau hier setzt das Immunsystem an, denn egal ob geimpft wurde oder nicht, bekämpft es die Erreger. Die Krankheit bricht nur dann aus oder endet tödlich, wenn das Immunsystem die Vermehrung der Erreger nicht oder zu spät stoppen kann. Der große und entscheidende Vorteil der Impfung liegt demnach darin, dass das Immunsystem bei Infektionskrankheiten, gegen die der Hund bereits einen vollständigen Impfschutz erworben hat, weiß, wie der Erreger zu bekämpfen ist. Die Antikörper, die durch die Impfung erworben wurden und die in den Gedächtniszellen gespeichert sind, können nun fast ohne Zeitverlust bereitgestellt und in vielfacher Kopie angefertigt werden. Dem Erreger bleibt dadurch weniger Zeit, sich in ausreichender und somit nicht mehr kontrollierbarer Menge zu vermehren.

Impfungen müssen in regelmäßigen Abständen wiederholt werden. Das Impfschema auf der vorigen Seite fasst die empfohlenen Impfungen zusammen und gibt gleichzeitig den optimalen Zeitpunkt an. Etwas detaillierter werden die Impfungen in den jeweiligen Kapiteln über die Lebensabschnitte besprochen, in denen zu ihnen geraten wird.

auch bei den Welpen notwendig, auch wenn diese zum Zeitpunkt der Befruchtung wurmfrei war. Die Larven einiger Wurmparasiten haben die Angewohnheit, verkapselt in der Muskulatur Dauerstadien zu bilden, die auf Grund der veränderten Hormonzusammensetzung während der Schwangerschaft freigesetzt werden. Näheres hierzu finden Sie im Kapitel „Infektionen und Parasitosen".

Die Gesundheitsvorsorge beginnt gleich im Welpenalter, denn hier legen Sie den wichtigen Grundstein für ein gesundes Heranwachsen Ihres kleinen Ridgeback.
Foto: Karin van Klaveren

Wurmkuren

In regelmäßigen Abständen, mindestens halbjährlich, müssen Sie bei Ihrem Rhodesian Ridgeback eine Wurmkur durchführen. Beim Tierarzt erhalten Sie Präparate, die gegen mehrere Wurmparasiten gleichzeitig wirken und einfach zu handhaben sind. Neben den routinemäßigen Kuren werden Sie diese natürlich auch bei jedem Befall mit Band-, Peitschen-, Haken- oder Rundwürmern sofort durchführen. Ebenso ist eine Wurmkur vor jeder Trächtigkeit und nach dem Werfen sowohl bei der Mutter, dem Vater als

Nach diesen allgemeineren Informationen sehen wir uns nun die einzelnen Lebensabschnitte der Rhodesian Ridgebacks genauer an und Sie werden erfahren, was Sie von den ersten Wochen bis zu den letzten Tagen Ihres Vierbeiners zu beachten haben.

Im Alter bis acht Wochen

Nach überstandener Geburt müssen sich die frisch geborenen Welpen und die Mutter erst einmal erholen und benötigen Ruhe. So sehr Ihre Hilfe während der

Geburt gebraucht wurde, so sehr hilft den Hunden nun eine Pause zum Entspannen und Kräftesammeln. Bitten Sie möglichst bald einen Tierarzt zu sich, um eine erste Untersuchung der Welpen durchzuführen. Hierbei wird er die Welpen nach einem bestehenden Dermoid Sinus abtasten und ihren allgemeinen Gesundheitszustand bewerten. Achten Sie in den folgenden Tagen sehr genau auf das Verhalten der Welpen und der Mutter. Gerade zu Anfang nehmen die Welpen stark an Gewicht zu und fühlen sich rund und wohlgenährt an. Schon nach einer Woche haben sie ihr Geburtsgewicht verdoppelt. Bei besonders großen Würfen kann es sein, dass die Mutter nicht genügend Milch produziert. Natürlicherweise weisen dann nicht alle Welpen einen geringeren Gewichtszuwachs auf, sondern einige würden ganz auf der Strecke bleiben, wohingegen die stärkeren Welpen gut im Futter stehen. Zunächst sollten Sie versuchen, der Hündin durch hochwertiges und reichlich Futter zu einer höheren Milchproduktion zu verhelfen. Auch können Sie die Welpen in kleinen Gruppen von Hand an die Zitzen setzen und so eine bessere Kontrolle über die Milchaufnahme der einzelnen Hunde erreichen. Ferner beobachten Sie, ob die vorhandene Muttermilch auch wirklich von den Kleinen ausgetrunken wird. Erst wenn alle diese Bemühungen nicht fruchten, sollten Sie helfend einspringen und die Kleinen per Hand aufziehen. Geeignete Welpenmilch bietet Ihr Tierarzt oder der Fachhandel an. Bleiben alle Welpen im Wachstum zurück und wirken unterernährt, hat die Mutter wahrscheinlich ernsthaftere Probleme mit der Milchproduktion oder leidet an einer Entzündung der Milchdrüsen. Fragen Sie Ihren Tierarzt um Rat, der die eindeutige Diagnose stellen kann. Im Krankheitsfall müssen Sie die Welpen von Hand aufziehen. Wichtig ist, dass die Welpen innerhalb der ersten 24 Stunden mit dem Saugen beginnen. Hierbei nehmen Sie neben den wichtigen Nährstoffen auch von der Mutter gebildete Antikörper auf und stärken so ihr eigenes, noch schwaches Immunsystem.

Denken Sie dran!

Das Immunsystem der neugeborenen Welpen ist noch sehr schwach. Erste Antikörper erhalten die Welpen mit der Muttermilch, die Impfungen werden erst in der achten Woche durchgeführt. In dieser Phase achten Sie besonders darauf, womit sich Ihr Hund beschäftigt, um mögliche Infektionen zu vermeiden.

Leider enthält die Milch nicht nur Gutes, sondern in den meisten Fällen auch Wurmlarven, die während der Schwangerschaft freigesetzt wurden und sich vermehren konnten. Über 75% der Welpen werden so mit Würmern infiziert und müssen deshalb entwurmt werden, ebenso das Muttertier. Da Sie die erste Tierarztuntersuchung besser nicht zu lange aufschieben, sondern die Jungen schon nach einer Woche routinemäßig untersuchen lassen sollten, kann Ihnen der

Wie hier im Zwinger „Kisangani" sehen Sie, wie sehr die jungen Welpen den Kontakt zu ihren Rudelgeschwistern und der Mutter suchen und auch brauchen. Die ersten Lebenswochen sind für die Welpen wichtig, um Rudelverhalten zu lernen. Foto: Karin van Klaveren

In den ersten acht Wochen werden die Welpen zusehends kräftiger und aktiver. Sie beginnen, ihre Umgebung zu erforschen und werden an allem herumknabbern und alles Mögliche ausprobieren. So schön und interessant diese Zeit ist, so viele Gefahren birgt sie auch für die unerfahrenen Welpen und genau soviel Anstrengung steht Ihnen bevor. Die Kleinen sind

Tierarzt hierbei gleich ein geeignetes Mittel verschreiben. Züchten Sie das erste Mal, so sollten Sie diese erste Untersuchung nach einer Woche auf jeden Fall einhalten. Die Wurmkuren müssen mehrmals wiederholt werden, bis die Welpen und die Mutter wieder wurmfrei sind, danach reicht eine etwa jährliche Prophylaxe. Ein starker Wurmbefall kann für Ihre Welpen tödlich enden und gerade Spulwürmer gehen auch auf den Menschen über.

natürlich nicht stubenrein und anfangs auch gar nicht in der Lage, den Bereich um die Mutter zu verlassen. Achten Sie hier auf Sauberkeit. Zwar wird der erste Milchkot noch von der Mutter beseitigt, indem sie ihn frisst, mit Beginn der ersten Zufütterungen aber lässt sie die kleinen Haufen schon lieber liegen. Das „richtige" Leben beginnt für die kleinen Rhodesian Ridgeback dann ab der sechsten bis achten Woche. In dieser Zeit müssen die ersten Impfungen erfolgen. Sollten Ihre Welpen schon jetzt Kontakt zu anderen Hunden haben, sind die Impfungen gegen Parvovirose und je nach Anraten des Tierarzts auch gegen Staupe zeitlich etwas vorzuziehen und die erste Immunisierung sollte schon in der sechsten Lebenswoche stattfinden. Bis zu einem Alter von etwa 18 Monaten ist es sehr wichtig, dass Sie die jungen Hunde nicht überanstrengen und jede Belastung für die Gelenke vermeiden. Treppensteigen ist für heranwachsende Rhodesian Ridgebacks ein Tabu. Selbst wenige Stufen sollten Sie ihre jungen Hunde hinauf- oder hinuntertragen.

Im Alter von acht bis sechzehn Wochen

Spätestens in der achten Lebenswoche muss eine gründliche Untersuchung der Welpen durch den Tierarzt erfolgen. Bei dieser Generaluntersuchung werden die langsam durchbrechenden Zähne auf ihre richtige Stellung kontrolliert, erste Anzeichen von Augenproblemen können sich zeigen, auch wird bei den Rüden kontrolliert, ob beide Hoden richtig in den Hodensack gewandert sind. Sind die Welpen topfit, werden bei dieser Gelegenheit gleich die notwendigen Schutzimpfungen verabreicht. Sollten die Welpen gegen Parvovirose und gegebenenfalls auch gegen Staupe noch nicht geimpft worden sein, werden diese Impfungen nun zusammen mit denen gegen Hepatitis (H.c.c.) und Lep-

tospirose nachgeholt. Bei gefährdeten Rhodesian Ridgebacks wird Ihr Tierarzt zusätzlich zu einer Impfung gegen Zwingerhusten raten.

Die Erstimmunisierung muss nach vier Wochen aufgefrischt werden und so werden die Welpen in der zwölften Lebenswoche nochmals gegen Parvovirose, Staupe, Hepatitis (H.c.c.) und Leptospirose geimpft. Zugleich werden sie das erste Mal gegen Tollwut geimpft. Wurden die Impfungen gegen Parvovirose und Staupe in die sechste Lebenswoche vorgezogen, so ist auch die Auffrischung gegen diese Erreger um zwei Wochen in die zehnte Lebenswoche vorzuziehen. Der Impfschutz gegen Tollwut wird dann in der sechzehnten Lebenswoche aufgefrischt. Die weiteren Auffrischungen dieser Grundimmunisierung finden nun jährlich für Parvovirose, Leptospirose, Tollwut, Staupe und Hepatitis (H.c.c.) statt. Die Einhaltung dieser Auffrischun-

An Selbstbewusstsein mangelt es schon den kleinen Ridgebacks nicht. Wer sich so präsentiert, wie der kleine Pascha unten, dem nimmt man kaum ab, dass besonders der spätreife Ridgeback mehrere Angstphasen durchläuft, in denen Sie stark an seiner Seite stehen müssen. Foto: Karin van Klaveren

gen ist sehr wichtig für die Kontinuität des Impfschutzes und darf von Ihnen nicht vergessen werden. Manche Tierärzte bieten Ihnen an, Sie an die fälligen Auffrischimpfungen zu erinnern. Gerade die Tollwutauffrischung kann Ihrem Hund das Leben retten. Die gesetzlichen Bestimmungen in Deutschland schreiben die Tötung eines Hundes vor, dessen letzte Auffrischung länger als 365 Tage her ist, wenn er von einem tollwutverdächtigen Tier verletzt wurde. Dabei ist es egal, ob die Tollwut tatsächlich übertragen wurde, denn ein Nachweis am lebendigen Hund ist nicht möglich! Schützen Sie Ihren Rhodesian Ridgeback vor solch grausamen Situationen, indem Sie regelmäßig bei Ihrem Tierarzt vorbeischauen. Neben diesen medizinischen Maßnahmen, mit denen Sie den Grundstein für eine gesunde Zukunft Ihrer Welpen legen, ist der Zeitraum zwischen der achten und zwölften Lebenswoche aber noch durch eine andere, für das spätere Verhalten Ihrer Rhodesian Ridgebacks maßgebliche Phase bestimmt, die als Sozialisationsphase bezeichnet wird. In ihr lernen die Welpen im weitesten Sinne soziales Verhalten. Das bedeutet für Sie, Ihren Rhodesian Ridgeback in möglichst viele neue Situationen zu bringen, in denen er den Umgang mit Geräuschen, anderen Tieren – nicht nur Hunden – und anderen Menschen kennenlernen kann. Ab der achten Woche beginnt die Selbständigkeit der Welpen. Sie lösen sich von der Mutter und machen ihre eigenen Erfahrungen. Es ist der Zeitpunkt, ab dem ich Ihnen zum Kauf eines Welpen rate. Die Welpen sind in dieser Lebensphase sehr abenteuerlustig und ver-

spielt, aber auch sehr lernbegierig. Beginnen Sie mit der Erziehung der Welpen so schnell es geht, aber überfordern Sie die Kleinen nicht und seien Sie nachsichtig, wenn das Spielen und Entdecken momentan die Lust am Üben übersteigt. Erstes Ziel Ihrer Erziehung wird neben den Grundbefehlen des Auslassens, Sitz oder Platz die Stubenreinheit sein. Da die Grundimmunisierung bis zur zwölften Woche noch nicht abgeschlossen ist, müssen Sie bis dahin verstärkt auf den Umgang der Welpen achten. In keinem Fall aber dürfen Sie die Welpen bis dahin isolieren. Auch wenn die ersten Wochen im neuen Zuhause aufregend sind und es unendlich viel Neues zu entdecken gibt, ist auch der Umgang mit fremden Menschen wichtig, um später einen aufgeschlossenen, freundlichen Rhodesian Ridgeback zu besitzen. Machen Sie Ihren Hund jetzt mit den anderen Haustieren bekannt. Sollten Sie die Anschaffung eines weiteren Haustiers planen, können Sie schon jetzt ein Zusammentreffen organisieren. Vielleicht besitzt einer Ihrer Bekannten eine Katze, die Sie Ihrem Welpen schon einmal zeigen können.

Jetzt ist es für den Welpen an der Zeit, die Welt des Menschen zu erkunden. Alltägliches wie der Straßenverkehr, Auto fahren oder die öffentlichen Verkehrsmittel sind Dinge, an die sich der Kleine so schnell wie möglich gewöhnen sollte. Sie können ab der zwölften Woche beruhigt den einen oder anderen etwas längeren Spaziergang im Wald riskieren und auch das Zusammensein mit unbekannten Hunden ist nun, nach Erreichen der Grundimmunisierung, kein größeres Wagnis mehr. Achten Sie jedoch weiterhin darauf, mit welchen Hunden Ihr Rhodesian Ridgeback spielt, woran er schnüffelt und was er ins Maul nimmt. Auch wenn die Grundimmunisierung abgeschlossen ist, gibt es immer noch genügend andere Krankheitskeime, mit denen sich Ihre Welpe infizieren kann. Das Immunsystem ist noch nicht so weit, wie bei einem erwachsenen Hund und auch leichtere Infektionen können so problematischere Krankheitsverläufe nach sich ziehen.

Eine ganz andere Sorge kommt mit den ersten Ausflügen auf Sie zu: Ihr Hund könnte davonlaufen oder sich ganz einfach verirren. Dahinter muss keine böse Absicht oder der Wille nach Freiheit stehen, im Spiel mit anderen Hunden oder beim Erkunden unwegsamen Geländes ist dies manchmal schneller geschehen

als gedacht. Erste Maßnahme ist natürlich auch hier die Vorsicht und ein ständig waches Auge. Sie müssen vor den ersten Ausflügen Ihren Hund genauso kennen wie er Sie. Auf Zuruf muss er zu Ihnen kommen, ansonsten sollten Sie ihn an unwegsameren, unübersichtlichen Stellen auf Ihrem Spaziergang lieber an die Leine nehmen. Leider lässt sich nicht jeder Unglücksfall im Vorhinein ausschließen und so müssen Sie weitere Vorsichtsmaßnahmen für den Fall treffen, dass Ihr Rhodesian Ridgeback verlorengeht.

Traditionell ist die einfachste Vorsorge das Halsband mit der Steuermarke, am besten zusätzlich noch mit der Anschrift und Telefonnummer der Besitzer. Achten Sie aber darauf, dass das Halsband nicht zu eng sitzt, wenn der Hund damit frei

Wenn Sie Ihren Ridgeback im Alter von etwa acht Wochen beim Züchter abholen, kommt der Welpe nicht nur in eine für ihn neue Umgebung, sondern muss auch sein Rudel verlassen. Er wird seine Geschwister und seine Mutter zunächst sehr vermissen! Foto: Karin van Klaveren

im Gelände herumläuft. Er muss sich, sollte er mit dem Band an Gestrüpp oder Ästen hängenbleiben, selbst daraus befreien können, um nicht Gefahr zu laufen, sich zu strangulieren. Leider ist eine Identifizierung nach dem Abstreifen des Halsbands nur noch durch den Besitzer selbst möglich.

Es gibt schon seit längerer Zeit die Möglichkeit, Hunden eine Erkennungsnummer tätowieren zu lassen, die sich meistens an der Innenseite des Ohrs befindet. Mit einer kleinen, lokalen Betäubung ist dieser Eingriff für die Welpen schmerzfrei. Für alle kontrollierten Zuchten im VDH und der F.C.I. ist es Vorschrift, die Welpen vor der Abgabe tätowieren zu lassen. Ein ausgebildeter Zuchtwart kontrolliert den Wurf im Alter von acht Wochen, stellt einen Bericht aus und tätowiert die Welpen auf der Innenseite eines Ohrs. Die Tätowierung sollte so gut sein, dass sie bis ans Lebensende des Hundes gut zu lesen ist. Sollte sie dennoch verblassen oder unleserlich werden, kann sie vom Fachmann aufgefrischt werden. Die Nummer ist beim Zuchtbuchamt registriert, eine zentrale Registrierung ist Sache des Halters. Wird ein Hund in ein Tierheim gebracht, kann bei zentraler Registrierung schnell der Besitzer identifiziert und benachrichtigt werden.

Seit einiger Zeit verbreitet ist die Implantation eines Mikrochips unter die Haut, meist in der Region einer Halsseite. Der Chip ist etwa reiskorngroß und wird ohne Betäubung direkt unter die Haut verpflanzt. Mit einem entsprechenden Lesegerät kann so der Halter identifiziert werden. Da der Eingriff von außen nicht sichtbar ist, sollte der Hund in diesem Fall einen Verweis tragen, dass ein Mikrochip implantiert ist.

Sollte Ihr Rhodesian Ridgeback einmal verloren gehen, informieren Sie die Nachbarn und Tierheime in der Nähe des Unglücksorts, dies erhöht Ihre Chancen, Ihren Hund schnell wiederzubekommen.

Im Alter von vier bis zwölf Monaten

Im Alter von sechzehn Wochen hat der Welpe alle Impfungen hinter sich und ist somit rundum geschützt. Die Untersuchung auf HD ist nun zuverlässig und sollte im Alter ab zwölf Monaten durchgeführt werden. Augenerkrankungen können sich schon früher zeigen, eine routinemäßige Kontrolle ist ratsam.

Mit Vollendung des sechsten Lebensmonats hat Ihr Rhodesian Ridgeback seine Milchzähne verloren und die bleibenden Zähne sind an ihre Stelle getreten. Der Tierarzt wird kontrollieren, ob der Biss stimmig ist und keine Zahnfehlstellung vorliegt. Bei größeren Problemen, zum Beispiel durch einen Rückbiss versucht, müssen die fehlstehenden Zähne, meist machen nur die Fangzähne wirkliche Probleme, gezogen werden. Dies bereitet den Hunden selten größere Probleme, denn die Jagd entfällt für sie und das Futter ist vorgekocht und zubereitet.

Das Thema Zahnhygiene ist leider eines der am wenigsten beachteten in der Hundehaltung. Gerade Zahnstein führt zu Zahnfleischentzündungen, die erhebliche Gesundheitsbeeinträchtigungen nach sich ziehen. Dabei ist ein ständiger, fauliger Mundgeruch noch das kleinste, wenn auch markanteste Übel. Zahnstein hat verschiedene Ursachen, die nicht zuletzt auch in einer ererbten Prädestination liegen können. Sie haben aber verschiedenste Möglichkeiten, der Zahnsteinbildung entgegen zu wirken und diese zu behandeln. Zum einen kann die krankhafte Bildung von Zahnstein in einer falschen Ernährung schon im Welpenalter begründet liegen. Sorgen Sie dafür, dass Ihr Rhodesian Ridgeback immer etwas zu knabbern bekommt, er kann so seine Zähne reinigen und sein Zahnfleisch stärken, das von der erhöhten Durchblutung profitiert. Spezielle Kauknochen oder andere Kaugegenstände erwerben Sie im Fachhandel oder direkt bei Ihrem Tierarzt. Sollte die Umstellung und Erweiterung der Ernährung alleine nicht helfen, haben Sie noch die Möglichkeit, auf spezielle Zahnreinigungsmittel zurückzugreifen. Genau wie beim Menschen können Sie mit Zahnbürste und Zahnpasta das Gebiss Ihres Rhodesian Ridgeback durch zwei- bis dreimaliges Putzen pro Woche reinigen und beginnende Ablagerungen, den sogenannten Plaque, die zu Zahnstein führen, entfernen. Bildet sich Zahnstein, so führt dieser zu Zahnfleischentzündungen, die zu Zahnfleischschwund und Taschenbildung führen können. Eine Behandlung durch den Tierarzt wird hier unvermeidlich. Besser ist es, wenn Sie regelmäßig mit Ihrem Hund zum Tierarzt gehen und den Zahnstein entfernen lassen, wenn Ihr Hund eine solche Veranlagung hat.

Ab einem Alter von neun Monaten kann eine Kastration vorgenommen werden. Ob dadurch, wie oftmals behauptet wird, das Risiko, an verschiedenen Krebs-

arten zu erkranken, sinkt oder sich die Chance verringert, später Probleme mit der Prostata zu bekommen, ist noch nicht schlüssig bewiesen und darf auf keinen Fall der alleinige Grund für eine Kastration sein. Diese darf bei Junghunden nur aufgrund einer medizinischen Indikation wie Hodentumoren oder beim Verbleiben der Hoden in der Bauchhöhle vorgenommen werden. Als Nebeneffekte der Kastration treten manchmal Veränderungen des Fells auf, das sich flauschiger, „welpenartig" zeigt. Wesentlich häufiger und zugleich problematischer sind jedoch die Folgen der Kastration vor Erreichen der Geschlechtsreife sowohl in Bezug auf die spätere geistige Entwicklung, die Hunde bleiben kindlicher in ihrem Verhalten, als auch die körperliche Entwicklung. Gewichtsprobleme bis hin zur Fettleibigkeit, der durch eine spezielle kalorienarme Kost vorgebeugt werden muss, sollen hier nicht unerwähnt bleiben.

Im Alter von ein bis sieben Jahren

Mit einem Jahr können Sie anfangen, längere Unternehmungen mit Ihrem Rhodesian Ridgeback zu machen. Die spätreifen Hunde sind aber erst mit zwei bis drei Jahren wirklich erwachsen. Die Begleithundprüfung ist hier der richtige Einstieg in eine ernsthaftere Erziehung, mit der schon im Alter von einem Jahr begonnen werden kann. Eine tierärztliche Grunduntersuchung bietet sich zu diesem Zeitpunkt an. Zeigen sich keine Probleme im Skelettaufbau, so ist mit ihnen jetzt auch nicht mehr zu rechnen. Des weiteren wird der Tierarzt

Augen und Ohren einer eingehenden Untersuchung unterziehen, die Organfunktionen prüfen, wobei ein spezielles Augenmerk auf Herz und Lungen gelegt wird, sich das Maul und den Rachenraum ansehen und gegebenenfalls eine weitere Entwurmung und die ersten Auffrischimpfungen veranlassen. Er wird Sie als Halter nach Auffälligkeiten in den ersten zwölf Monaten befragen, um zu einem abschließenden Urteil

Denken Sie dran!

Zahnsteinbildung kann zum Problem werden, wenn sich das umliegende Zahnfleisch entzündet. Um der Bildung entgegen zu wirken, geben Sie Ihrem Rhodesian Ridgeback regelmäßig Kauknochen. Vorhandenen Zahnstein lassen Sie vom Tierarzt entfernen.

über den Allgemeinzustand Ihres Rhodesian Ridgeback zu kommen.

Ein schon angesprochenes Thema wird Sie nun die nächsten Jahre begleiten, die Zahnhygiene, auf die Sie wirklich achten müssen. Lassen Sie Zahnstein regelmäßig entfernen und sorgen Sie auch in der Prophylaxe für ausreichende Maßnahmen.

Ansonsten bieten Sie Ihrem Rhodesian Ridgeback soviel Abwechslung wie möglich. Er darf sich nicht langweilen und möchte täglich mehrmals an die frische Luft, zumindest einmal am Tag etwas länger. Überlegen Sie sich gut, ob Sie

Nachwuchs aufziehen möchten, und erkundigen Sie sich im Falle dass am besten bei erfahrenen Züchtern nach den Voraussetzungen und der Arbeit, die mit der Hundezucht verbunden ist.

Der ältere Rhodesian Ridgeback

Schon ab einem Alter von acht Jahren tritt Ihr Rhodesian Ridgeback in seinen zweiten Lebensabschnitt. Viele Rhodesian Ridgebacks bleiben noch länger sehr aktiv und nicht wenige erreichen ein Alter von über zwölf Jahren. Sie werden aber spätestens bei Ihrem zehnjährigen Rhodesian Ridgeback bemerken, dass sich die anfänglichen Ruhepausen ausdehnen, längere Spaziergänge für den Hund immer anstrengender werden und er mit der Zeit bei normaler Fütterung etwas Speck ansetzt. Es wird Zeit, diesen Alterserscheinungen Tribut zu zollen und sowohl die Ernährung als auch die täglichen Aktivitäten der neuen Situation anzupassen. Die Spaziergänge werden vor allem kürzer, nicht seltener und das Futter wird auf eine altersgerechte Kost umgestellt. Selbstverständlich werden die medizinischen Untersuchungen im jährlichen Rhythmus genauso beibehalten, wie die Auffrischimpfungen und gelegentlichen Wurmkuren. Auch wenn hier und da die Meinung besteht, dass einem geschwächten Hund eine Impfung schadet, ist genau das Gegenteil der Fall. Natürlich wird kein Tierarzt einen kranken Hund durch eine Impfung zusätzlich schwächen, hat sich Ihr Rhodesian Ridgeback von der Krankheit erholt, stärkt jede weitere Impfung sein Immunsystem auch gegen andere Erkrankungen. Sie können

Besal Fatoka im Besitz der Fotografin und Inhaberin des Zwingers „Umvuma". Mit seinen neun Jahren ist dieser Ridgeback gesund und topfit. Foto: Anne Müller

in regelmäßigen Abständen, praktischerweise gleich bei den Jahresuntersuchungen, weitere medizinische Kontrollen veranlassen. So sollte nun auch das Blutbild untersucht werden, Urinproben ausgewertet und bei verdächtigen Symptomen ein EKG oder eine zusätzliche Röntgenaufnahme gemacht werden. All diese Vorsorgemaßnahmen sind mit Kosten verbunden, helfen aber, Krankheiten früh zu erkennen, schnell zu behandeln und somit heilen zu können. Sie

ermöglichen Ihrem Rhodesian Ridgeback so einen zufriedenen und gesunden Lebensabend. Nur dürfen Sie nicht davor zurückschrecken, ihn in aussichtsloser Situation von seinen Qualen zu befreien. Ihre Liebe und Zuneigung zeigen Sie ihm nun, indem Sie ihn bis zum Schluss begleiten. Ihr Rhodesian Ridgeback wird es Ihnen danken und Sie werden sich später keine Vorwürfe machen, nicht alles für ihn getan zu haben.

Wann ist Ihr Rhodesian Ridgeback krank?

	Gesunder Hund	Kranker Hund
Augen	klar	gerötet, trübe, ständiges Reiben mit den Pfoten
Nase	sauber	Ausfluss, eitrig verklebt
Ohren	sauber	verkrustet, Ausfluss, übler Geruch, ständiges Kratzen oder Kopfschütteln
Fell	sauber, stehend	struppiges Aussehen, Haarausfall eventuell mit Hautekzemen
Schleimhäute	rosafarben	blass rosa bis weißlich oder rot entzündet
Zahnfleisch	rosafarben, gut durchblutet	weißlich, rot entzündet, käsiger, übelriechender Belag
Bewegungsapparat	fließende Bewegungen	Lahmheit, Bewegungsunlust, Schmerzlaute, Schwierigkeiten beim Aufstehen
Verdauung	fester Kot, keine Verschmutzungen des Fells im Analbereich	Durchfall, verschmutzte Analregion, häufiges Erbrechen, anhaltende Verstopfung, keine Kotabgaben, aufgeblähtes Abdomen
Temperatur	normal, 37,5 bis 39 °C	zu hoch, zu niedrig
Verhalten	aufmerksam, aktiv, Futter- und Wasserkonsum normal	apathisch, unkonzentriert, unregelmäßiges Fressen, Futterverweigerung, erhöhtes Trinkbedürfnis, Rastlosigkeit, Winseln, erhöhtes Ruhe- und Schlafbedürfnis

F ür Sie als verantwortungsbewussten Hundehalter muss die Gesundheit Ihres Hundes vorrangiges Ziel sein. Hierbei stehen die vorbeugenden Maßnahmen, wie im vorherigen Kapitel beschrieben, eindeutig an erster Stelle. Ist Ihr Rhodesian Ridgeback trotz aller Vorsicht erkrankt, sollten Sie zunächst lernen, wie Sie schnell und problemlos eine erste Diagnose selbst stellen können, um dann entsprechend zu handeln. Da sich Krankheiten oftmals erst durch kleine Vorzeichen, sprich Veränderungen im Verhalten und den grundlegenden Körperfunktionen, ankündigen, bevor sie sich im Organismus ausbreiten, müssen Sie den „Status quo" Ihres Rhodesian Ridgeback kennenlernen.

Die Körpertemperatur

Die Körpertemperatur Ihres Hundes liegt etwas über der von uns Menschen. Als normal gelten Körpertemperaturen zwischen 37,5° C und 39° C. Eine vertrauenswürdige Messung ist nur über den After möglich. Da Ihr Rhodesian Ridgeback diese Prozedur nicht sonderlich gerne über sich ergehen lässt, empfehle ich Ihnen, ein digitales Thermometer zu verwenden, das die Temperatur bereits nach wenigen Sekunden genau anzeigt. Vor der Messung fetten Sie die Thermometerspitze leicht ein. Zur Messung heben Sie die Rute Ihres Hundes an und führen das Thermometer in den After ein. Halten Sie das Thermometer und die Rute während der gesamten Dauer der Messung fest. Sollte sich Ihr Rhodesian Ridgeback sträuben, lassen Sie Ihn gehen und wiederholen den Versuch etwas später. Üben Sie das Fiebermessen mit Ihrem Hund, damit er und Sie sich mit den Handgriffen vertraut machen. Bei Flüssigkeitsthermometern sollte die Messung mindestens über dreißig bis sechzig Sekunden dauern, digitale Thermometer machen sich durch einen Ton am Ende der Messung bemerkbar.

Eine leichte Überhitzung kann nach körperlicher Anstrengung oder durch Aufgeregtheit entstehen, messen Sie zur Sicherheit später ein zweites Mal. Sollte der Wert sich auch dann nicht normalisiert haben, gehen Sie zu Ihrem Tierarzt. Fieber ist ein alamierendes Zeichen für innere Entzündungen und Infektionskrankheiten. Eine deutliche Unterkühlung sollte Sie auf jeden Fall alarmieren, gehen Sie schnellstmöglich zum Tierarzt.

Rhodesian Ridgebacks aus den Händen eines seriösen VDH-Züchters sind gesunde Hunde, mit denen Sie lange Ihren Spaß haben werden. Aber jeder Hund kann krank werden und Sie sollten auf jede Veränderung im Verhalten Ihrer Hunde achten, um Krankheiten rechtzeitig zu erkennen.
Foto: Karin van Klaveren

Das Kreislaufsystem und die Atmung

Bekanntlich zählen sowohl wir Menschen als auch die Hunde zu den Säugetieren. Sie besitzen ein geschlossenes Kreislaufsystem, dessen Zustand sich vereinfacht über die Ihnen allen bekannten Werte Pulsfrequenz und Blutdruck beschreiben lässt. Den Blutdruck zu bestimmen, ist Sache des Tierarzts, die Pulsfrequenz können nen Sie selbst leicht feststellen. Pulsfrequenz und Herzschlag sind identische Werte, so dass Sie zur Bestimmung entweder direkt die Schläge des Herzens oder den Blutstoß in einer Arterie zählen können. Am besten fühlen Sie die Herzschläge direkt an der Brust, indem Sie Ihre Hand oder einzelne Finger auf den Brustkorb halten und so lange fester drücken, bis Sie die Schläge deutlich fühlen können. Den Puls ertas-

ten Sie am besten mit ein oder zwei Fingern an einer Oberschenkelarterie, die Sie an der Oberschenkelinnenseite finden. Beide Werte beziehen sich immer auf eine Messung über 60 Sekunden. Je länger Sie mitzählen, desto genauer ist Ihr Wert. Für gewöhnlich zählen Sie den Herzschlag oder Puls über einen Zeitraum von 15 Sekunden und multiplizieren den Wert dann entsprechend mit vier, um auf 60 Sekunden zu kommen. Normale Ruhewerte für Rhodesian Ridgeback liegen bei etwa 80 bis 100 Schlägen. Sollten die von Ihnen gemessenen Werte deutlich abweichen, wiederholen Sie die Messung und vergewissern sich, dass Ihr Hund sich wirklich in einem Ruhezustand befindet. Ein erhöhter Pulsschlag ist normal bei Aufregung oder auch nach körperlicher Anstrengung. Bei zu niedrigem Puls sollten Sie lieber zu einem Tierarzt gehen und Ihren Hund genauer untersuchen lassen.

Die Atemfrequenz Ihres Rhodesian Ridgeback können Sie sehr einfach an den Bewegungen des Brustkorbs erkennen.

Denken Sie dran!

Trotz allen Wissens, das Sie sich im Lauf der Jahre angeeignet haben, die endgültige Krankheitsdiagnose kann nur ein ausgebildeter Tierarzt stellen. Kaufen Sie keine Mittel nach eigenem Ermessen und brechen Sie verschriebene Behandlungen nicht ab, weil Sie keinen Sinn darin sehen. Vertrauen Sie Ihrem Tierarzt!

Viele Krankheiten werden von Hund zu Hund übertragen. Seien Sie vorsichtig, wenn Ihr Hund mit anderen Hunden spielt, die Sie nicht kennen oder die einen verwahrlosten Eindruck machen. Foto: Karin van Klaveren

Immer wenn Ihr Hund einatmet wird der Brustkorb größer und verkleinert sich beim Ausatmen. Die Atemfrequenz liegt bei Ihrem Hund bei etwa zehn bis zwanzig Atemzügen und wird wieder auf 60 Sekunden gerechnet, wobei Sie aufgrund der geringen Anzahl der Atemzüge besser eine ganze Minute mitzählen sollten. Auch hier ist die Ruhefrequenz zu bestimmen. Liegt der ermittelte Wert über den Angaben, schließen Sie eine Erregung oder vorherige Anstrengung des Hundes aus, ebenso kann nach einer Ruhephase die Atmung etwas langsamer sein. Stellen Sie sicher, dass Ihr Hund frei atmet und ihm keine Verengung der Luftröhre oder Bronchien zu schaffen macht. Im Zweifelsfall suchen Sie immer besser den Tierarzt auf.

Die Durchblutung

Das dichte Fell der Rhodesian Ridgebacks macht es unmöglich, äußerlich einen Eindruck von der Durchblutung zu bekommen. Einzig ein Blick auf das Zahnfleisch hilft uns hier weiter. Es muss rosig sein und sich nach einem leichten Druck mit dem Finger schnell wieder färben. Sollte die Druckstelle länger als zwei Sekunden weißlich bleiben oder gar das gesamte Zahnfleisch von vornherein blass bis gelblich wirken, ist dies ein sicheres Zeichen für eine Anämie (Blutarmut), die auf den unterschiedlichsten Ursachen basieren kann. Es handelt es sich hier um ein sehr ernstes Krankheitszeichen und es ist mehr als wahrscheinlich, dass Ihr Hund schon früher erste Anzeichen einer Erkrankung gezeigt hat. Ein Tierarztbesuch ist nun unbedingt erforderlich.

Das Fell

Das Fell Ihres Rhodesian Ridgeback muß glänzen und darf nicht stumpf, struppig oder filzig wirken. Ein gewisser Haarverlust ist normal, sollte aber keinesfalls zu kahlen oder lichten Stellen führen. Ursachen für starken Haarausfall sind in aller Regel Stoffwechselprobleme mit oftmals ernstem Hintergrund.

Die Augen

Die Augen Ihres Rhodesian Ridgeback müssen klar sein und dürfen keine Anzeichen einer Trübung zeigen. Ein ständiger Tränenfluss ist ein Anzeichen für eine Verletzung oder Reizung des Auges. Eine etwas stärkere Verkrustung um die Augen ist kurz nach dem Schlafen normal, darf aber nicht ständig auftreten. Auch das ständige Kratzen an den Augen ist das erste Anzeichen einer Störung. Auch wenn Hundeaugen auf den ersten Blick das Weiße im Auge verbergen, achten Sie darauf, dass der Augapfel keine Rötungen und geplatzte Äderchen zeigt. Solche Veränderungen zeigen Ihnen Augenprobleme an.

Die letztendliche Diagnose und Behandlung muss auf jeden Fall der Tierarzt in die Hand nehmen.

Die Ohren

Zu Problemen an den Ohren und vor allem in den Gehörgängen neigen vor allem Hunde mit einer dichten Behaarung des Ohrs und hängenden Ohren, wie sie die Rhodesian Ridgebacks besitzen. Hier ist die Durchlüftung des Gehörgangs nur schwach und es bildet sich schnell ein feuchtes, warmes Mikroklima, in dem sich Bakterien und vor allem Milben wohl fühlen. Sie sollten aber die Behaarung des Ohrs am Eingang des Gehörgangs nicht auszupfen oder schneiden, um der Besiedlung durch Mikroorganismen zuvorzukommen, denn die Haare sitzen recht fest und geschnittene Haare fallen leicht in den Gehörgang und verursachen dort weitere Probleme. Anzeichen für Probleme

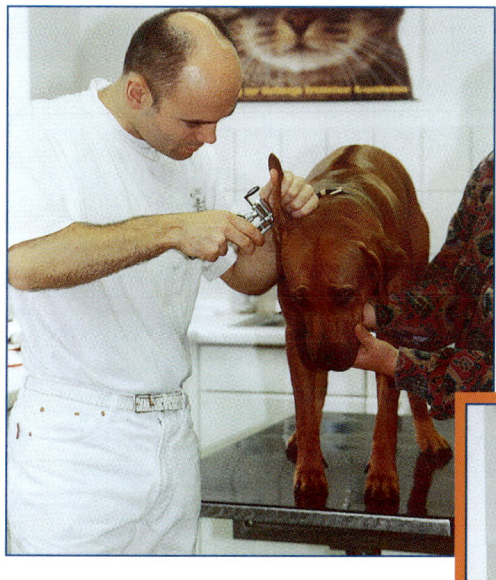

Die Zähne

Das Milchgebiss eines Rhodesian Ridgeback besteht aus 28 Zähnen. Dabei weisen Ober- und Unterkiefer jeweils sechs Schneidezähne, zwei Fangzähne und sechs vordere Backenzähne auf, die alle dem späteren Gebiss weichen.

Das Dauerebiss besteht dann aus insgesamt 42 Zähnen, davon zwölf Schneidezähnen (Incisivi), vier

Wenn Sie mit Ihrem Hund zum Tierarzt gehen, wird dieser die Ohren reinigen, und Verunreinigungen vorsichtig entfernen. Fotos: Karin van Klaveren

an den Ohren sind ein ständiger, starker Juckreiz und eine übermäßige Ohrschmalzproduktion.
Ein Tierarztbesuch kann meist schnell Abhilfe leisten und Ihren Hund vom lästigen Juckreiz befreien.

Fangzähnen (Canini), sechzehn vorderen (Prämolaren) und zehn hinteren Backenzähnen (Molaren) in Ober- und Unterkiefer.
Das Hauptproblem der Mundhygiene bei Hunden ist Zahnsteinbildung, die zu Zahnfleischentzündungen, Zahnfleischschwund und Geschwüren führen kann.

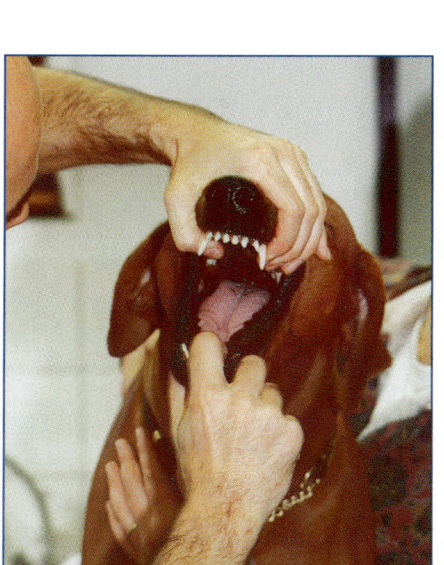

Ein Blick ins Maul gehört ebenfalls zur Routineuntersuchung, um die Zähne auf Zahnstein zu untersuchen. Fotos: Karin van Klaveren

Die Verdauung und Nahrungsaufnahme

Kontrollieren Sie den Stuhl Ihres Hundes auf Veränderungen. Normal ist der Stuhl

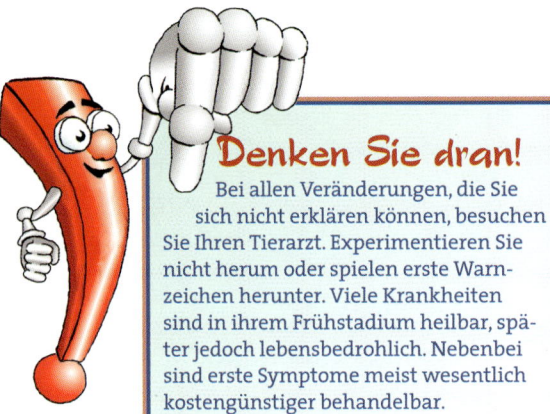

Denken Sie dran!

Bei allen Veränderungen, die Sie sich nicht erklären können, besuchen Sie Ihren Tierarzt. Experimentieren Sie nicht herum oder spielen erste Warnzeichen herunter. Viele Krankheiten sind in ihrem Frühstadium heilbar, später jedoch lebensbedrohlich. Nebenbei sind erste Symptome meist wesentlich kostengünstiger behandelbar.

Zu einer gründlichen Untersuchung gehört auch immer ein genaues Abhören der Herztöne und der Atmung. Foto: Karin van Klaveren

nicht zu fest, keinesfalls flüssig, nicht zu stark riechend und von meist dunklerer Farbe. Sollte der Stuhl Ihres Rhodesian Ridgeback in seiner Konsistenz sehr variieren, über längere Zeit besonders flüssig, fest oder übel riechend sein, vielleicht sogar ausbleiben, liegen Verdauungsstörungen vor, die bestenfalls auf eine kürzlich erfolgte Futterumstellung zurückzuführen sind, meist aber die sichtbare Folge einer Darminfektion oder Darmverschlingung darstellen. Ebenso kann ein verändertes Fress- und Trinkverhalten auf Stoffwechsel- oder Darmprobleme hinweisen, wenn Ihr Hund beispielsweise deutlich mehr oder weniger trinkt oder auch mehr oder weniger frisst als gewöhnlich. Auch deutet eine schnelle Gewichtszu- oder -abnahme auf ernste Gesundheitsprobleme hin. Gehen Sie unbedingt zu einem Tierarzt, der eine genaue Diagnose stellen kann.

Der Bewegungsapparat

Achten Sie sehr genau auf die Bewegungen Ihres Rhodesian Ridgeback. Nicht erst ein Humpeln oder Lahmen

zeigt Ihnen Probleme an den Gelenken an. Viel früher schon können Sie bemerken, dass Ihr Hund bestimmte Bewegungen vermeidet, weil sie ihm weh tun. Oftmals können hier Gelenkentzündungen unterschiedlichster Natur vorliegen. Gerade Hüftprobleme sind ein Leiden der großen Hunderassen und nur eine Röntgenuntersuchung kann Ihnen hier die letzte Gewissheit geben. Wenden Sie sich bitte an Ihren Tierarzt.

Beobachten Sie das Verhalten Ihres Hundes

Wenn Sie Ihren Hund einige Zeit besitzen, kennen Sie ihn und bemerken Ver-

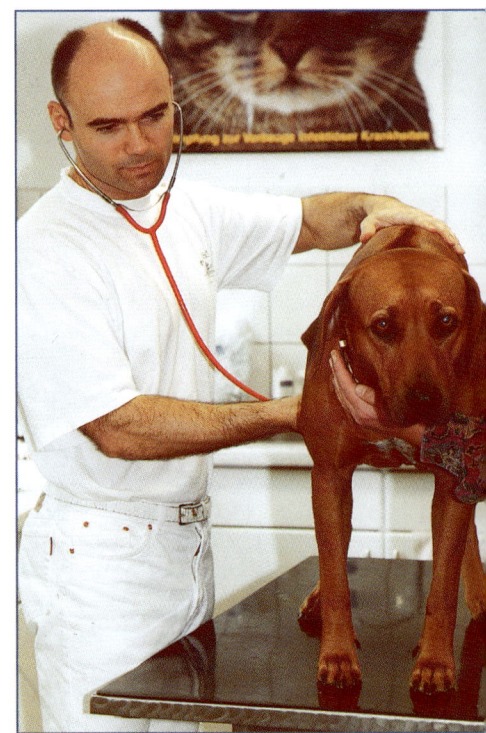

Ein Ridgeback in voller Bewegung ist die perfekte Symbiose von Kraft und Wendigkeit. Die Muskulatur scheint dann nur noch von einer hauchdünnen Hülle umgeben zu sein, die jede gespannte Faser erkennen lässt. Foto: Karin van Klaveren

änderungen in seinem Verhalten sehr schnell. Solche Veränderungen können auf den Lauf der Zeit und sein Älterwerden zurückgeführt werden, wenn er sich beispielsweise mit zunehmenden Alter weniger bewegen will oder etwas dicker wird. Kurzfristige Verhaltens- und Wesensänderungen deuten jedoch auf eine innere Ursache hin, eine Krankheit. Auch unseren Mitmenschen merken wir ein Unwohlsein meist schnell am veränderten Verhalten an, ohne sie länger untersuchen zu müssen. Sobald Sie den Verdacht haben, mit Ihrem Rhodesian Ridgeback könnte etwas nicht stimmen, suchen Sie nach weiteren Krankheitssymptomen und gehen im Zweifelsfall zum Tierarzt.

Es gibt noch viele weitere Faktoren, die auf eine Erkrankung hindeuten. Wichtig für Sie und Ihren Hund ist, dass Sie sein normales Verhalten kennen und Veränderungen zu deuten wissen. Im Folgenden werden die Krankheiten ausführlicher beschrieben, die im allgemeinen bei Rhodesian Ridgebacks häufiger auftreten, oder in einigen Zuchtlinien Probleme bereiten. Alle hier aufgeführten Erkrankungen sind nicht auf Parasiten, Bakterien oder Viren zurückzuführen, über die im Kapitel „Infektionen und Parasitosen" berichtet wird, sondern stellen organische Veränderungen dar, für die bei der Rasse eine genetische Disposition vorliegt, oder die bei Rhodesian Ridgebacks allgemein gehäuft auftreten. Die letztliche Diagnose darf in jedem Fall nur der Tierarzt stellen, der Ihrem Hund dann auch die geeigneten Medikamente verschreibt. Sehen Sie dieses Kapitel also zur Vordiagnose, nicht als Ersatz für den Tierarztbesuch.

Hüftgelenksdysplasie (HD)

Die Hüftgelenksdysplasie ist eine Fehlentwicklung der Hüftgelenke, sie wird gebräuchlicher Weise HD abgekürzt. Unter den Dysplasien ist sie die häufigste Form, gefolgt von der Ellbogendysplasie. Besonders betroffen von den Folgen der HD sind die größeren Hunderassen, zu denen Rhodesian Ridgebacks zu zählen sind. Wie bereits erwähnt zeigen die Rhodesian Ridgeback-Vereine in Deutschland eine sehr verantwortungsvolle Zuchtauswahl und die Ergebnisse geben ihnen Recht. Über 80 % der in Deutschland im VDH-Verein gezüchteten Ridgebacks sind HD-frei oder haben Übergangsformen. Dennoch kann ein mit HD belasteter Rhodesian Ridgeback immer geboren werden und Sie sollten wissen, was dann zu tun ist. Nicht alle Rhodesian Ridgebacks sind genetisch frei von HD und es wäre nicht richtig zu sagen, dass Sie keinen HD kranken Rhodesian Ridgeback erwerben können.

Bei der HD entwickeln sich Hüftpfanne und Oberschenkelkugel nicht passend zueinander, sie umschließen sich nicht und haben Spiel, was zu einer verstärkten Reibung und somit Abnutzung im Gelenk führt. Gerade bei einer beginnenden Arthrose führt dies zu starken Schmerzen. Dabei sind die Fehlstellungen unterschiedlicher Natur, entweder ist die Pfanne zu flach, die Kugel zu klein oder nicht rund. Je nach Stärke der HD wird diese in Deutschland in fünf verschiedene Stufen eingeteilt. Dabei bedeutet HD A frei von HD, HD B ist HD-verdächtig und geht weiter bis HD D/E für schwere HD. Diese Einteilung ist leider noch nicht international einheitlich, weshalb Sie unbedingt die regionalen Unterschiede berücksichtigen müssen.

Dysplasien allgemein sind Entwicklungs- beziehungsweise Wachstumsstörungen. Auch wenn die HD eindeutig genetisch fixiert ist und somit vererbt wird, kann ihrem Schweregrad entgegengewirkt werden. In der Zucht bedeutet dies, möglichst nur mit HD-freien Hunden zu züchten, in der Hundeaufzucht bedeutet es, verstärkt auf die Ernährung und die Beanspruchung der heranwachsenden Rhodesian Ridgebacks zu achten.

Die HD zeigt sich durch Bewegungsvermeidung, -unlust und Lahmheiten der Hinterbeine. Zunächst natürlich nur minimal, doch können Sie mitunter Beeinträchtigungen schon im fünften bis sechsten Lebensmonat feststellen. Eine genaue Untersuchung durch Röntgen ist erst beim ausgewachsenen Hund mit zwölf bis achtzehn Monaten sinnvoll. Meist zeigen sich die Symptome der HD erst in einem Alter von zwei Jahren, einem Zeitpunkt, wo jede Beeinflussung der Entwicklung zu spät kommt und nur noch die Symptome behandelt werden können. Deshalb ist es besonders wichtig, von Anfang an eine gesunde Welpenkost zu verfüttern. Meiden Sie unbedingt Futter mit einem hohen Protein- und Kaloriengehalt. Solche Hochleistungsnahrung führt zu einem unnatürlich schnellen Wachstum, das Wachstumsdefiziten gerade bei den großen Rassen die Türen öffnet. Experimente mit verschiedenen Fettsäuren

Die verantwortungsvolle Zuchtauswahl der Ridgeback Züchter hat zu einem deutlichen Anstieg der HD-freien Hunde geführt. Aber man kann nicht davon ausgehen, dass jeder Welpe gesund ist. Erst ab einem Alter von achtzehn Monaten ist eine HD-Diagnose beim Rhodesian Ridgeback wirklich verlässlich. Lassen Sie sich vom Züchter die HD-Befunde der Elternhunde zeigen, um zumindest die Sicherheit zu haben, dass nicht mit HD-geschädigten oder HD-verdächtigen Hunden gezüchtet wurde. Eine Einschränkung, die bei VDH-Züchtern schon seit einiger Zeit Anwendung findet. Foto: I. Francais

zeigen sehr positive Effekte auf die Entwicklung einer HD, fragen Sie Ihren Tierarzt nach den derzeit aktuellen Mitteln. Entwickelt sich bei Ihrem ausgewachsenen Rhodesian Ridgeback trotz aller Vorsorge eine schwerere HD, so ist dies dennoch kein Grund zur Besorgnis. Das endgültige Krankheitsbild ist sehr vielseitig und die Schwere der Erkrankung hängt nicht zwingend mit dem Grad der HD zusammen. Es gibt Hunde mit leichten HD-Graden, bei denen eine Operation die einzige Möglichkeit darstellt, das Leiden zu lindern und es gibt Hunde mit schweren HD-Graden, bei denen jede Symptomatik fehlt. Hier zeigt sich, dass die eigentlichen Folgeschäden und nicht der HD-Grad an sich zu den Problemen führt. Natürlich prädestiniert eine hochgradige HD zu einem stärkeren und schnelleren Gelenkverschleiß, aber ein sorgfältiger Umgang mit der Erkrankung kann dem entgegenwirken. Neben der Umstellung der Ernährung und einem absoluten Vermeiden von Übergewicht schon beim heranwachsenden Rhodesian Ridgeback achten Sie unbedingt darauf, was Sie Ihrem Hund an Aktivitäten zumuten. Im Alter bis zu zwölf Monaten müssen Sie jede Art von Ausdauerbelastungen wie Joggen oder Radfahren mit ihm vermeiden.

Leidet Ihr Hund unter den Folgen der HD, so gibt es verschiedene medizinische Möglichkeiten der Behandlung, von einer medikamentösen Schmerzbehandlung bis zu einem chirurgischen Eingriff. Die jeweils sinnvollste Maßnahme entscheiden Sie zusammen mit Ihrem Tierarzt.

> Die Ellbogengelenksdysplasie ist ein Problem der großen Rassen. Genau wie das Hüftgelenk kann auch das Ellbogengelenk in seiner Entwicklung gestört sein und zu Problemen führen.

Ellbogendysplasie (ED)

Die Ellbogendysplasie, kurz ED genannt, ist eine genetisch fixierte Entwicklungsstörung des Ellbogengelenks. Das Ergebnis ist ein instabiles Ellbogengelenk, geschädigt durch eine degenerierte Elle. Es kommt zu einem stufenartigen Gelenk, da Elle und Speiche nicht die gleiche Länge besitzen. Betroffen sind allgemein größere Hunderassen. Rhodesian Ridgebacks zeigen aufgrund einer sehr durchdachten Zuchtauswahl eine sehr geringe Belastung mit ED. Dennoch soll dieses Leiden hier nicht unerwähnt bleiben, da es vereinzelt auftreten kann.

Erste Anzeichen für eine ED sind plötzliche Lahmheit und Bewegungsvermeidung der Vorderbeine, die sich durch vermehrte Belastung verschlimmert. Diese Anzeichen können sich bei betroffenen Welpen schon im Alter von nur sechs Monaten oder gar früher zeigen. Eine eindeutige Diagnose kann erst nach abgeschlossenem Wachstum im Alter von etwa zwölf bis achtzehn Monaten erfolgen. Sollte eine Osteochon-

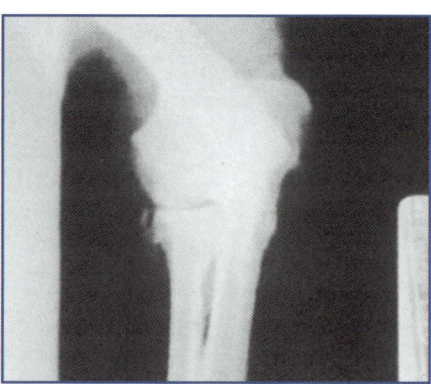

drose (Knorpelabsplitterung) festgestellt werden, so ist ein operativer Eingriff vor dem Eintreten körperlicher Beeinträchtigung sinnvoll. Gerade bei einem Absplittern vorstehender Knochenteile der Elle ist eine Operation unumgänglich, um die störenden Splitter zu entfernen. Letztlich muss abgewogen werden, welche Behandlung Ihrem Hund am besten hilft. Neben verschiedenen neueren Behandlungsmethoden werden die betroffenen Gelenke vieler Hunde immer noch ruhig gestellt oder die Schmerzen und Entzündungen mit Tabletten behandelt.

Welche Behandlungsweise für Ihren Hund die beste ist, können Sie letztendlich nur zusammen mit Ihrem Tierarzt herausfinden, denn jeder Hund spricht unterschiedlich auf die Mittel an und jede ED ist genau wie jede HD von Fall zu Fall sehr unterschiedlich in ihrer letztlichen Auswirkung.
Für die ED-Vorsorge gilt das Gleiche wie für die HD. Eine gesunde Welpenkost mit einem Proteinanteil von höchstens 22 Prozent ist genauso wichtig, wie eine nur mäßige Beanspruchung der Gelenke, wobei Gewalt- und Dauermärsche auf jeden Fall vermieden werden müssen.

Sobald sich Ihr Hund unnatürlich bewegt, bestimmte Bewegungen meidet oder sogar lahmt, sollten Sie schnellstens einen Tierarzt aufsuchen und Ihren Hund untersuchen lassen.
Foto: I. Francais

Osteochondrose

Bei der Osteochondrose handelt es sich um eine Knorpelerkrankung, bei der sich der Knorpel an den Gelenken nicht richtig mit dem Knochen verbindet. Es sind vor allem große Rassen betroffen, auch Rhodesian Ridgebacks. Auch hier sei der Verdienst der Vereine um die Gesunderhaltung ihrer Rasse erwähnt und auch die OCD ist bei Rhodesian Ridgebacks aus VDH-Vereinen ein seltenes Schicksal.

Bei der Osteochondrose lösen sich Knorpelzellen vom Gelenkknochen, die sich im Gelenk vergrößern und so zu schmerzhaften Problemen durch Entzündungen bei jeder Bewegung sorgen. Die Osteochondrose trifft junge Hunde, bei denen die Skelettentwicklung noch nicht abgeschlossen ist und somit dieses fehlerhafte Wachstum noch möglich ist.

Die Ursachen der Osteochondrose sind unterschiedlich und reichen von Verletzungen bis zu genetisch fixierten Vorschädigungen und Ernährungsdefiziten. Die labilen Knorpelbereiche sind besonders anfällig für Verletzungen und Sie sollten Ihren Hund, wenn er diese Krankheit hat, nicht zu wild herumtoben lassen.

Erste Symptome können schon in einem Alter von nur sieben Monaten auftreten. Die Welpen beginnen plötzlich zu lahmen und bewegen sich aufgrund der Schmerzen gehemmt. Typischerweise werden das Ellbogen-, Schulter-, Knie- und Sprunggelenk befallen, eine Erkrankung der Hinterläufe heilt oftmals spontan von selbst aus.

Die Behandlung ist möglich, die Art und Weise wird jedoch kontrovers diskutiert. Klassisch ist das Stilllegen der entzündeten Gelenke und die Gabe von schmerzstillenden Mitteln, was auf Dauer die Entzündung beseitigt, jedoch das eigentliche Problem der fehlgewachsenen Knorpel nicht beseitigt. Im Frühstadium der Erkrankung ist eine Operation vielversprechend und die Hunde leben anschließend beschwerdefrei. Die Antwort, welche Behandlung die bessere ist, kann nicht allgemein gegeben werden, da jeder Hund unterschiedlich gut auf die jeweilige Maßnahme reagiert. So profitieren die einen von einer medikamentösen Behandlung, während anderen nur durch eine Operation dauerhaft geholfen werden kann.

Die eindeutige Diagnose kann bei der Osteochondrose nur durch eine Röntgenaufnahme gestellt werden. Sollte sich bei Ihrem Hund der Verdacht bestätigen, empfiehlt sich eine Aufnahme aller gefährdeten Gelenke, um so präventiv tätig werden zu können.

Dermoid Sinus

Der Dermoid Sinus ist eine Fehlentwicklung in der Embryonalphase des Rhodesian Ridgeback. Obwohl nicht nur bei dieser Rasse bekannt, tritt dieser Defekt hier verstärkt auf.

Während der Embryonalentwicklung entsteht das Nervensystem aus dem gleichen Keimblatt wie die Haut. Trennen sich diese beiden Schichten während der Entwicklung nicht vollständig, bleibt eine Verbindung bestehen. Dieser sogenannte Dermoid Sinus zeigt sich in einem haarfeinen Kanal, der von der Hautoberfläche bis hin zum Rückenmark reichen kann. Der Kanal ist eine Hauteinstülpung, in der sich Haare und mit der Zeit immer mehr Schmutz ansammeln können. Dies führt über kurz oder lang zu Entzündungen, die bei tiefgehenden Formen des Dermoid Sinus direkt auf das Rückenmark übergehen können. Mit der Rückenmarksflüssigkeit gelangt die Infektion in das Gehirn und führt dort zu ernsten und oft tödlich verlaufenden Gehirnhautentzündungen.

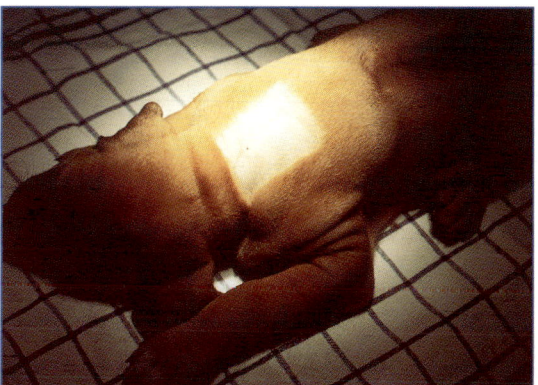

Der Dermoid Sinus ist nicht nur ein Problem beim Ridgeback, tritt hier aber häufiger auf. Haben Sie einen Dermoid Sinus ertastet, rasieren Sie die Stelle frei und sehen einen kleinen schwarzen Punkt (oben). Die weiteren Fotos zeigen wunderbar, wie ein Hautkanal bis ins Rückenmark führt. Eine kleine Operation beseitigt den Dermoid Sinus ohne weitere Komplikationen. Fotos: Dr. Malte Appelius, Ahaus

im frühen Alter zwischen acht und zehn Wochen operativ entfernt werden.
Obwohl der Ursprung des Dermoid Sinus noch nicht vollständig geklärt werden konnte, muss eine genetische Fixation angenommen wer-

Sie können einen Dermoid Sinus schon beim neugeborenen Welpen feststellen. Er befindet sich meist im Nacken, nie aber entlang des Ridge. Selten findet er sich auf der Rute. Sie erfühlen den Hautkanal am besten, indem Sie eine Hautfalte ergreifen und abtasten. Der Kanal ist wie ein Faden zwischen Haut und Wirbelsäule unter der Haut tastbar. Diese Missbildung, bereitet den Welpen in der Regel keine Probleme, muss aber

den. Seitdem mit befallenen Hunden nicht weitergezüchtet wird, ist die Belastung der Zuchtlinien stark zurück gegangen. Selbstverständlich darf auch mit operierten Hunden nicht gezüchtet werden. Die Operation kuriert den einzelnen Hund, die genetische Vorbelastung bleibt jedoch bestehen.

Da die Vererbung des Dermoid Sinus´ als gegeben betrachtet werden muss und er beim Rhodesian Ridgeback verstärkt vorkommt, wird vielfach der Zusammenhang mit dem Ridge diskutiert. Eine eindeutige Antwort auf diese Frage gibt es nicht. Da mit Ridge-losen Hunden nicht gezüchtet wird, ist eine Aussage darüber, ob diese nicht oder seltener am Dermoid Sinus leiden, kaum zu erwarten. Einzig ein Vergleich mit anderen, Ridge-tragenden Rassen könnte hier Auf-

schlüsse geben. Leider liegen hierzu noch keine Zahlen vor.

Grauer Star (Katarakt)

Unter dem Begriff „Grauer Star" werden alle Erkrankungen zusammengefasst, die in ihrer letztlichen Symptomatik eine rauchige oder milchige Trübung der Augenlinse in unterschiedlich starkem Ausmaß zeigen. Es gibt verschiedene Formen des Grauen Stars, für den Rhodesian Ridgeback ist nur der bei allen Rassen auftretende Altersstar von Bedeutung.

Die erworbene Katarakt (Cataracta acquisita) kann weiter unterteilt werden. Sehr bekannt bei Hunden allgemein ist der Altersstar (Cataracta senilis), der etwa ab einem Alter von sieben Jahren auftritt und in seinem Fortschreiten unterschiedlich schnell ist.

In jungen Jahren selten ein Problem, leiden viele ältere Hunde am sogenannten „Altersstar". Diese Form des grauen Stars finden wir bei allen Hunderassen, sie ist eine leider normale Alterserscheinung, um die sich dieser prächtige Welpe noch keine Sorgen macht.
Foto: Karin van Klaveren

Der Graue Star kann auch Folge von Gewalteinwirkung auf die Linse sein, hier sprechen wir von einer Cataracta traumatica.

Der Graue Star, egal welcher Form, führt immer zu einer Veränderung des Linsengewebes, es trocknet aus oder trübende Produkte werden eingelagert. Obwohl der Graue Star meist nicht zu einer völligen Erblindung führt, ist die Beeinträchtigung des Sehvermögens gerade im fortgeschrittenen Stadium und bei beidseitigem Befall sehr stark. Die Diagnose ist relativ einfach zu stellen, denn die Symptomatik der Linsentrübung ist auch ohne großen Apparateeinsatz leicht feststellbar.

Die Behandlungsmöglichkeiten beim Grauen Star beschränken sich leider auf einen operativen Eingriff, denn die getrübte Linse kann medikamentös nicht wieder hergestellt werden. Umso wichtiger ist es abzuwägen, wann eine Staroperation Sinn macht. Zunächst sollten Sie sicher gehen, dass die Retina des geschädigten Auges voll funktionsfähig ist, denn ansonsten wäre jede Staroperation sinnlos. Ein einseitiger Grauer Star muss nicht operiert werden, Ihr Hund ist bestens in der Lage, auf die volle Sehkraft des einen Auges zu verzichten. Sind beide Augen stark geschädigt und ist Ihr Hund noch noch nicht sehr alt, sollten Sie sich zu einer Operation zumindest eines Auges entschließen. Hierbei können mittlerweile auch künstliche Linsen in das Auge eingesetzt werden, die beinahe zu alter Sehleistung verhelfen. Bei älteren Rhodesian Ridgebacks, deren Bewegungsdrang und Aktionsradius schon eingeschränkt ist, kann die Beein-

trächtigung des Augenlichts gut durch die anderen Sinnesleistungen ersetzt werden. Hier sollten Sie die Belastungen des älteren Hundes durch eine Operation und die damit verbundenen Risiken höher bewerten, als den Vorteil des verbesserten Sehvermögens.

Denken Sie dran!
Jeder Hund kann erkranken. Die Behandlungen können im Zweifelsfall teuer und langwierig werden. Sie erfordern nicht nur Opfer von Ihrem Hund, sondern auch von Ihnen. Bevor Sie sich einen Hund anschaffen, sollten Sie sich dieser Seite der Hundehaltung bewusst sein und die Verantwortung übernehmen.

Schilddrüsenunterfunktion

Die Unterfunktion (Hypothyreose) ist die häufigste Erkrankung der nur zwei bis drei Zentimeter großen Schilddrüse und die häufigste Drüsenerkrankung bei Rhodesian Ridgebacks allgemein. Dies soll nicht heißen, dass Rhodesian Ridgebacks häufiger an Schilddrüsenerkrankungen leiden als andere Rassen, sie stellt nur insgesamt ein häufiges Leiden bei Hunden dar und soll deshalb auch hier nicht unerwähnt bleiben.

Die Schilddrüsenunterfunktion kann angeboren oder erworben sein. Typischerweise tritt sie erst ab einem Alter von zwölf Monaten ein und resultiert in einer Unterproduktion der Schilddrüsenhor-

Wenn Ihr Tierarzt einmal einen Verband bei Ihrem Hund anlegen muss, schauen Sie ihm ruhig über die Schulter und lassen Sie sich erklären, worauf Sie achten müssen, um im Notfall selbst helfen zu können.
Foto: Karin van Klaveren

mone, vor allem des Stoffwechselhormons Thyroxin. Je nachdem in welchem Lebensabschnitt die Unterfunktion auftritt, sind die Symptome und Folgen für Ihren Hund sehr unterschiedlich.

Welpen mit einer angeborenen Schilddrüsenunterfunktion sind oft nicht lebensfähig, werden tot oder mit einem Kropf geboren und sterben meist kurz nach der Geburt. Tritt die Unterfunktion in der Wachstumsphase Ihres Rhodesian Ridgeback auf, so zeigt sich ein auffällig verlangsamtes Wachstum, bei dem oftmals die Körperproportionen nicht mehr übereinstimmen. Am auffälligsten ist hierbei die Verkürzung der Extremitäten und der Wirbelsäule. Eine Hypothyreose beim erwachsenen Hund zeigt sich an vielfältigen Symptomen, die in unterschiedlichen Konstellationen auftreten können. Da zu wenig des Stoffwechselhormons gebildet wird, ist der Stoffwechsel verlangsamt und auch Ihr Hund wirkt unlustig und träge. Oft fallen den betroffenen Hunden die Haare büschelweise, manchmal symmetrisch zunächst auf dem Nasenrücken und an der Kruppe aus. Sie beginnen bei gleicher Ernährung zuzunehmen, da sich Wasser im Gewebe einlagert.

Bei den genannten Symptomen sollten Sie schnell einen Test beim Tierarzt machen lassen, denn eine Behandlung

ist einfach durch das Zufüttern des fehlenden Hormons in ausreichender Menge möglich. So können Sie sowohl Wachstumsstörungen entgegenwirken als auch Ihrem Hund ein völlig normales Leben ermöglichen.

Magendrehung, Aufgeblähtheit

Eine Magendrehung ist keine seltene und zudem noch eine sehr gefährliche Erkrankung. Sie kann prinzipiell jeden

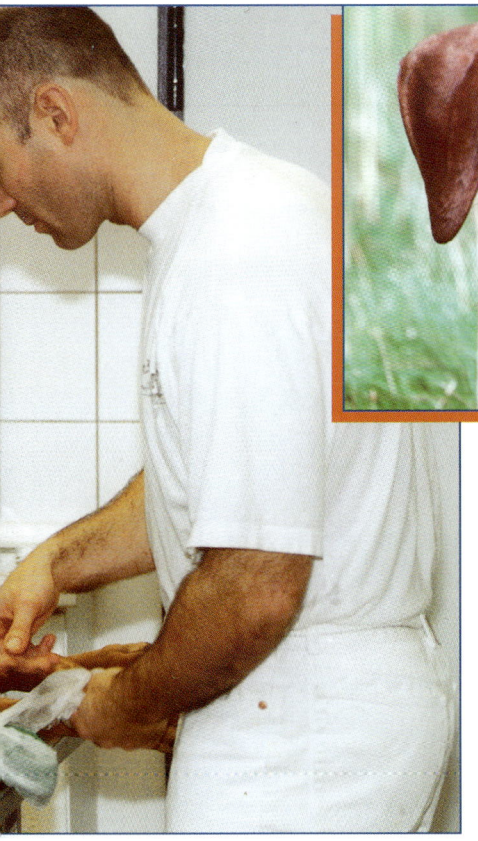

Wenn Sie Ihren Ridgeback von kleinauf an Tierarztbesuche gewöhnen, wird er später sogar gerne dorthin gehen.
Foto: Karin van Klaveren

Zum schnellsten Handeln sind Sie gezwungen, wenn Sie einen unnatürlich aufgetriebenen Vorderbauch bei Ihrem Hund beobachten, er unruhig ist und schnell und flach atmet. Es kann in der Folge zu Kreislaufversagen und Schock kommen. Äztliche Hilfe ist notwendig, da besonders stark betroffene Hunde innerhalb einer Stunde durch den begleitenden Schock sterben können.

Das pathologische Krankheitsbild zeigt immer eine Magenüberdehnung durch Aufgeblähtheit, wobei der Magen selbst mehr oder weniger stark um die eigene Achse verdreht ist. Die Blähung hat ihre Ursache vermutlich in einem unkontrollierten Luftschlucken des Hundes und ist nicht die Folge von Verdauungsgasen, die nicht mehr entweichen können. Strittig ist noch, inwieweit die Magendrehung tatsächlich mit der Futteraufnahme zusammenhängt, ob sie sich erst durch schnelles, unkontrolliertes Fressen und damit verbundenes Schlucken von Luft entwickelt, oder ob sie bereits vor der Aufgeblähtheit existierte und sich durch

Hund treffen, doch sind die großen Rassen gefährdeter als die kleinen und es trifft eher ältere Hunde ab sechs Jahren als jüngere. Auch Rhodesian Ridgebacks gehören zu den betroffenen Rassen.

Die Symptomatik ist glücklicherweise sehr spezifisch und Sie können eine Notfallsituation schnell selbst erkennen. Ihr Hund zeigt zunächst vorsichtige Versuche, sich zu erbrechen, ohne dass dabei wirklich große Mengen Flüssigkeit und Nahrung erbrochen werden können.

diese erst noch verschlimmert. Wie dem auch sei, die Folge kann schnell der Tod Ihres Rhodesian Ridgeback sein. Durch die Drehung des Magens verschließen sich nicht nur der Mageneingang und -ausgang, sondern auch die die im Magen verlaufenden Blutgefäße, zusätzlich wird die Milz abgeklemmt. Als Folge ist eine große Menge Blut in Magen und Milz eingeschlossen und es kann zu Kreislaufversagen und schockähnlichen Zuständen kommen. Ebenfalls werden große Bereiche des Magens nicht mehr ausreichend durchblutet und sterben ab. Die Hilfe des Tierarzts ist eine sofortige Operation, in deren Verlauf zunächst die Luft durch Punktion abgelassen wird, anschließend wird der Magen „entdreht", die abgestorbenen Teile entfernt und vernäht. Als Prophylaxe kann der Magen, meist in schweren Fällen oder wenn der Hund schon einmal eine Magendrehung hatte, mit wenigen Stichen an der rechten Bauchwand befestigt werden, um ein erneutes Verdrehen zu verhindern. Eine typische Folge selbst bei ansonsten glatt verlaufenden Operationen sind Herzrhythmusstörungen. Am besten lassen Sie Ihren Hund nach einer solchen Operation noch etwa drei bis vier Tage zur Beobachtung im Krankenhaus oder beim Tierarzt. Sollten weitere Komplikationen ausbleiben, sind die Chancen für Ihren Rhodesian Ridgeback sehr gut, die Fixation des Magens hält im besten Fall mehrere Jahre.

Prophylaktisch sollten Sie sich an die im Kapitel „Ernährung" gegebenen Futterregeln halten, die Fütterungen am besten auf zwei bis drei kleinere Portionen verteilen. Obwohl ein Zusammenhang zwischen den Fressgewohnheiten und der Magendrehung noch nicht eindeutig belegt wurde, deutet doch vieles darauf hin, dass hastiges Fressen, Luftschlucken und große Portionen eine Magendrehung begünstigen. Lassen Sie Ihren Hund nach dem Fressen eine Stunde ruhen, bevor er wieder toben darf.

Im täglichen Hundeleben ist der Befall durch Parasiten eines der größten Gesundheitsrisiken. Die Schäden, die Flöhe, Läuse oder Zecken als Ektoparasiten anrichten können, sind nicht zu unterschätzen. Zwar ist eine Zecke schnell entfernt oder auch ein Flohbefall schnell bekämpft, die Infektionskrankheiten, die diese Parasiten aber übertragen können oder denen sie durch ihre Stiche oder Bisse die Pforte öffnen, können zu ernsthaften Gesundheitsproblemen bei Ihrem Rhodesian Ridgeback führen. Der sicherste und kostengünstigste Schutz ist auch hier die Vorsorge und Vermeidung von Gefahrensituationen, mit der sich dieses Kapitel beschäftigt. Auch erfahren Sie, wie Sie Ihrem Rhodesian Ridgeback im Falle einer Infektion oder Bevölkerung durch Parasiten wirksam helfen können.

Denken Sie dran!

Der beste Schutz vor Unfällen ist die Vorsorge und Vermeidung gefährlicher Situationen. Je jünger Ihr Hund ist, desto unerfahrener ist er auch. Wie ein kleines Kind muss er erst noch lernen, mit Gefahren richtig umzugehen. Zeigen Sie ihm, was gefährlich für ihn ist und seien Sie besonders in Gebieten aufmerksam, die auch Ihnen noch unbekannt sind.

Flöhe

Anzeichen für einen Befall mit Flöhen ist ein ungewohnt starker Juckreiz. Die Einstichstellen der Flöhe sind beim Hund meist nicht erkennbar, aber die Flöhe selbst sind einige Millimeter groß und können von Ihnen auch mit dem bloßen Auge entdeckt werden. Als weiteres, typisches Merkmal sehen Sie den Kot der Flöhe – kleine, schwarze Kügelchen. Die Flöhe selbst halten sich bevorzugt an den wärmeren Körperstellen wie Schenkelinnenseiten, Ohren und Achseln auf. Der Flohbefall an sich ist für ihren Hund allenfalls lästig, jedoch bringen die Flohstiche einige sehr unangenehme Folgen mit sich. Manche Hunde reagieren alleine auf den Flohstich und den eingetragenen Speichel so allergisch, dass durch das ständige Kratzen offene Wunden entstehen, die Sekundärinfektionen verschiedenster Art die Tür öffnen. Bevorzugt wird natürlich der in der Umgebung der Wunde abgelegte Flohkot eingerieben. Als erstes wird man versuchen, die Flöhe selbst zu beseitigen. Eine Behandlung der Flohallergie in Form einer Desensibilisierung ist nicht möglich. Die Behandlung allergischer Hunde besteht zusätzlich zu den normalen Maßnahmen in einer Behandlung des auftretenden Juckreizes, meist durch kortisonhaltige Präparate. Der Floh selbst ist Überträger des Gurkenkernbandwurms.

Adulte Flöhe halten sich nur die kürzeste Zeit ihres Lebens wirklich auf einem Hund auf. Die Floheier, Larven und Puppen sind überhaupt nicht am Hund zu finden, sie leben hauptsächlich an den bevorzugten Aufenthaltsorten des Hundes und ernähren sich dort von Flohkotresten und Hautschuppen. Nur adulte, weibliche Flöhe brauchen zur Entwicklung Blut. Dies ist wichtig zu wissen, wollen Sie die Parasiten auf Dauer vertreiben. Die Be-

Egal wie gepflegt und gesund Ihr Hund ist, vor Parasiten ist er nie ganz sicher. Hier hilft nur eine regelmäßige Kontrolle und Vorsorge, damit Ihre Hunde immer so gesund bleiben, wie diese Welpen Foto: Anne Müller

Puder haben sich nicht bewährt und werden heute auch kaum noch angeboten. Beachten Sie für die unterschiedlichen Präparate bitte unbedingt die angegebene Wirkungsdauer und Anwendung. Viele Mittel, besonders Halsbänder, verlieren bei Nässe ihre Wirksamkeit. Die Produkte unterscheiden sich auch stark

kämpfung muss sich immer auf den Hund und sein Umfeld beziehen. Leider ist der Floh im Notfall bei seinem Wirt nicht sehr wählerisch und kann auch auf den Menschen übertreten.

Die Behandlungsmethoden sind inzwischen sehr effektiv und geeignete Mittel bei Ihrem Tierarzt erhältlich. Am gebräuchlichsten sind Shampoos und Sprays für den Hund und verschiedene Pulver für die Bekämpfung an den Lagerstätten und Aufenthaltsorten Ihres Hundes. Die Mittel unterscheiden sich in ihrer Wirkung, da am Hund adulte Flöhe und an den Lagerstätten auch die Eier, Larven und Puppen vernichtet werden müssen. Empfehlenswert ist es, die Hundedecke und andere infizierte Gegenstände auszutauschen oder zumindest bei 95° C in die Waschmaschine zu geben.

Mittel zur Prophylaxe eines Flohbefalls sind erhältlich und bei richtiger Anwendung durchaus empfehlenswert. Sie erhalten neben Flohhalsbändern, die ständig eine bestimmte Insektizidmenge abgeben, Sprays oder Shampoos. Die vor einiger Zeit noch gebräuchlichen

in ihrer generellen Wirkdauer. Das neueste Produkt auf dem Markt ist eine Anti-Floh-Tablette, die für eine Sterilität der saugenden Weibchen sorgt, diese selbst aber nicht tötet. Zusammen mit einer wirksamen Bekämpfung der Flöhe durch Bäder oder Puder löst dieses einfach zu verabreichende Mittel das Flohproblem schnell und effektiv.

Als natürliche Prophylaxe soll das Füttern von Knoblauch gute Ergebnisse erzielen. Die Flöhe reagieren empfindlich auf den Knoblauch, sie befallen die Hunde nicht mehr. Knoblauch bietet einen entscheidenden Vorteil bei der Prophylaxe, denn es ist absolut ungefährlich für Hund und Mensch. Die Beigabe muss ständig erfolgen. Achtung: Viele Flohpuder, Flohhalsbänder, Shampoos oder Sprays können gerade für Kleinkinder gefährlich werden, wenn diese in starkem Kontakt dazu geraten.

Läuse und Haarlinge
Sowohl der starke Befall mit Haarlingen als auch der mit Läusen ist meist ein Zeichen schlechter Fellpflege. Die Hunde

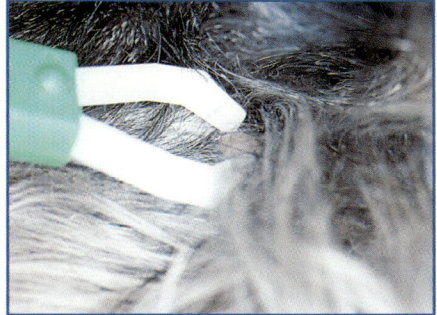

kratzen sich verstärkt, und es kann zu offenen Stellen kommen, die Sekundärinfektionen begünstigen. Anders als Flöhe kleben diese Parasiten ihre Eier, die auch Nissen genannt werden, in das Fell des Hundes.

Die Behandlung erfolg analog zur Flohbekämpfung mit verschiedenen Sprays und Shampoos. Auch hier sollten Sie die Ruhe- und Aufenthaltsorte Ihres Hundes mit desinfizieren. Richten Sie sich bei der Behandlung nach den Herstellerangaben und dem Rat Ihres Tierarztes. Prophylaktisch können Sie Ihren Hund mit verschiedenen Mitteln behandeln. Die meisten Flohhalsbänder schützen gleichzeitig vor Läusen und Haarlingen.

Zecken

Die in unseren Breiten häufigste Zeckenart ist der Holzbock. Dieses Spinnentier sitzt bevorzugt an lichten Stellen des Waldes im Unterholz bis zu 80 Zentimeter über dem Boden. Mit seinem thermotaktilen Sinnesorganen nimmt der Holzbock seinen Wirt aufgrund seiner Körpertemperatur wahr und lässt sich auf diesen fallen. Neben dem Menschen sind dies auch Hunde. Hier bohrt sich die Larve, die Nymphe oder das erwachsene Weibchen in die Haut des Hundes ein und verankert sich mit dem gesamten Kopf im Wirtstier. Die Blutaufnahme kann sich ungestört über mehrere Tage erstrecken, bis das vollgesogene Tier von alleine wieder abfällt. Der Größenzuwachs der Zecke ist enorm. Von unscheinbaren, wenigen Millimetern wächst sie auf Erbsen- bis Saubohnengröße heran. Bis auf gelegentliche allergische Reaktionen ist der eigentliche Zeckenbiss ungefährlich, wenn nicht zu viele Zecken gleichzeitig am Hund saugen. Gefährlich wird die Zecke erst, wenn sie Überträgerin anderer Krankheiten ist. Am gefährlichsten ist hier die Lyme-Borreliose, ausgelöst durch das Bakterium *Borrelia burgdorferi*, die

Entdecken Sie an Ihrem Hund eine Zecke, so ist es wichtig, dass Sie diese so schnell wie möglich entfernen. Am besten greifen Sie die Zecke mit einer speziellen Pinzette direkt hinter dem Kopf und ziehen sie heraus. Hier schön zu sehen, dass die Zecke im Ganzen sauber entfernt werden konnte.
Fotos: bede-Verlag

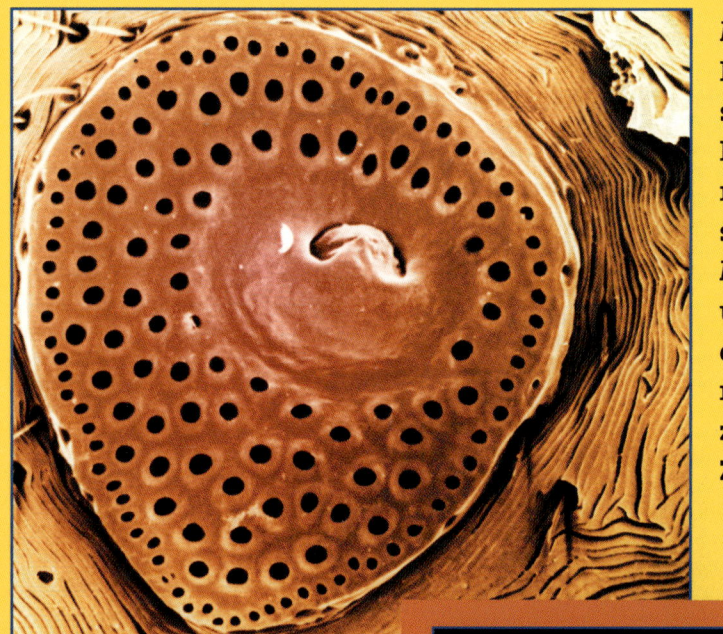

Mit ihren kräftigen Beißwerkzeugen verbeißen sich Zecken so fest in der Haut eines Hundes, dass es mancher Tricks bedarf, um sie komplett zu entfernen. Machen Sie nicht den Fehler und versuchen, die Zecke mit der Hand zu entfernen. Nehmen Sie eine geeignete Pinzette und drehen Sie die Zecke vorsichtig heraus.

Zecken sitzen in halbhohen Gräsern und Büschen und krabbeln von dort an den vorbeistreichenden Hund. Diese Quälgeister bohren sich mit ihrem ganzen Kopf in der Haut Ihres Hundes fest und saugen sich mit Blut voll. Wenn die Zecke „satt" ist, lässt sie sich mit ihrem jetzt vollen Bauch einfach wieder auf den Boden fallen.

virusbedingte FSME (Frühsommerhirnhautentzündung) und die durch im Blut parasitierende Einzeller ausgelöste Babesiose, die allerdings eine aus dem südlichen Europa importierte und nur zur Urlaubszeit häufigere Erkrankung ist.

Durch Zecken übertragene Krankheiten können im günstigen Fall geheilt werden, wenn man sie früh erkennt.

Die Babesiose zeigt sich im Frühstadium nach etwa anderthalb bis drei Wochen durch Temperaturanstieg, Abgeschlagenheit und Gewichtsverlust. Da der Parasit verschiedene Organe befallen kann, sind die weiteren Symptome unterschiedlich, jedoch zeigen sich meist Symptome einer Gelbsucht und ein durch Blut dunkel gefärbter Urin. Die Diagnose kann der Tierarzt schnell stellen und eine Behandlung ist erfolgversprechend, solange noch kein Organ dauerhaft geschädigt ist.

Die Lyme-Borreliose, an der auch der Mensch erkranken kann, zeigt bei Hunden den gleichen Krankheitsverlauf. Eine rote, knötchenartige Veränderung an der Bissstelle ist die Bestätigung, wenn Sie an Ihrem Hund schon die ersten Symptome feststellen: Fieber, Apathie und Appetitloigkeit. Hinzu kommen allgemeine Muskel- und Gelenkschmerzen, der Hund ist träge, bewegt sich nicht gern und reagiert gereizt auf Berührungen, da diese schmerzen. Eine Behandlung mit Antibiotika ist erfolgversprechend. Da die Symptome nicht immer alle gleichzeitig auftreten, oder nur einige der genannten, sollten Sie nach einem Zeckenbefall immer die Möglichkeit einer Borreliose in Betracht ziehen, wenn Ihr Hund vereinzelte Anzeichen für Lahmheit, etc. erkennen lässt.

Die FSME ist bei Hunden noch recht unerforscht und wahrscheinlich eher selten, umso dramatischer ist der fast immer tödlich endende Verlauf. Neben einem Temperaturanstieg zeigen sich im Verlauf der Erkrankung immer schwerere neurologische Ausfälle. Die Hunde plagen Bewegungsstörungen, Orientierungslosigkeit, Krämpfe und krampfartige Anfälle. Eine Behandlung ist derzeit nicht möglich! Die betroffenen Hunde müssen zu gegebener Zeit meist eingeschläfert werden. Eine Impfung auf der Basis von Humanimpfstoffen ist zur Zeit in einer Testphase, die zumindest den Mut macht, schon bald einen Hundeimpfstoff in den Händen zu halten.

Da für die genannten Infektionen keine vorbeugenden Maßnahmen bekannt sind, muss die Prophylaxe die Zecken angreifen, und hierzu gibt es einige wirkungsvolle Mittel.

Viele Antiflohmittel können auch zur Vorbeugung gegen Zeckenbefall eingesetzt werden, gerade kombinierte Zecken-Floh-Halsbänder werden immer sicherer. Trotzdem sollten Sie zu den gefährdeten Zeiten im Frühsommer bis Herbst lichte Wälder und Waldstellen meiden und Ihren Hund nach jedem Spaziergang gründlich nach Zecken, die vor Beginn des Blutsaugens sehr klein sind, absuchen. Die bevorzugten Stellen der Parasiten sind die Kopfregion bis zu den Achseln, an den Ohren und zwischen den Zehen. Finden Sie trotz aller Vorsichtsmaßnahmen eine Zecke, entfernen Sie diese vorsichtig mit einer Pinzette, am besten einer speziellen zur Zeckenentfernung. Greifen Sie die Zecke möglichst nahe am Kopf und drehen Sie

sie langsam und ohne zu stark zu ziehen heraus. Dabei kontrollieren Sie unbedingt, dass Sie die Zecke vollständig mit Kopf entfernt haben. Sollte etwas in der Wunde zurückgeblieben sein, kann es zu leichteren Entzündungen kommen, die meist schnell abheilen. Bedenken Sie: Je kürzer die Zecke in der Haut Ihres Hundes steckt, desto geringer ist die Wahrscheinlichkeit, dass Krankheitserreger übertragen werden!

Eine Impfung gegen bestimmte Borreliose-Erreger ist für Hunde seit einiger Zeit auf dem Markt und bietet nach der Grundimmunisierung, die aus zwei Spritzen im Abstand von drei Wochen besteht, bei jährlicher Auffrischung einen guten Schutz.

Räude

Hinter dem Oberbegriff „Räude" verbergen sich verschiedene durch Milben ausgelöste Hautkrankheiten. Obwohl die unterschiedlichen Milbenarten den Hund auf verschiedene Weise schädi-

gen, ist die Symptomatik der Hautveränderungen stets die gleiche, denn die Hunde befällt immer ein starker Juckreiz. Die Ansteckungsgefahr ist unterschiedlich groß, die Heilung im allgemeinen einfach und unkompliziert.

Die Hunde-Räudemilben der Art *Sarcoptes canis* bohren Gänge in die Oberhaut der Hunde, der in den Gängen ausgeschiedene Kot löst den oftmals sehr starken Juckreiz aus. Der Befall beginnt meist an den Ohren und kann sich von dort über den gesamten Körper ausbreiten. Die Erkrankung ist äußerst ansteckend, befallene Hunde müssen bis zur vollständigen Heilung isoliert werden. Auch der Mensch kann von diesen Milben befallen werden, jedoch sterben sie auch unbehandelt nach kurzer Zeit ab, da der Mensch für sie nicht der richtige Wirt ist. Die Behandlung erfolgt nach Absprache mit dem Tierarzt durch Bäder und weitere Fellbehandlungen.

Raubmilben der Art *Cheyletiella yasguri* leben auf der Haut der Hunde. Sie durchleben hier ihren gesamten Entwicklungszyklus und ernähren sich von abgestorbenen Hautschuppen. Auf der Hundehaut zeigen sich Hautveränderungen in Form von dunkleren Schuppen und Verkrustungen durch das Kratzen. Die eigentlichen Gefahren liegen auch hier in den Sekundärinfekten der offenen Kratzstellen. Eine Behandlung mit Bädern und Desinfektionsmitteln dauert eine Wochen und löst das Problem vollständig.

Ein krankhafter Befall mit Demodex-Milben deutet auf eine Immunschwäche Ihres Hundes hin, denn diese in den Haarfolikeln lebenden Milben vermehren sich normalerweise nicht in einem patholo-

Denken Sie dran!
Kleine Ektoparasiten wie Milben, Zecken oder Flöhe können Sie meist nur schwer erkennen. Sichtbar werden erst die Folgeschäden durch Sekundärinfektionen. Um dies zu verhindern, suchen Sie regelmäßig nach diesen Parasiten. Diese halten sich vorwiegend an wärmeren Körperstellen, in den Ohren oder Achseln auf.

Welpen müssen die Möglichkeit haben, ausgelassen miteinander spielen zu können. Dabei sollten sie auch Kontakt zu anderen Hunden bekommen. Bevor der Impfschutz aber nicht vollständig gegeben ist, sollten Sie die Spielkameraden Ihrer Kleinen genau prüfen.
Foto: Karin van Klaveren

gischen Ausmaß. Nur eine Schwächung der Immunabwehr gibt diesem Parasiten die Möglichkeit, sich ungehemmt zu vermehren und so zu dem typischen Bild eines Milbenbefalls zu führen. Da der Befall innerhalb des Organismus stattfindet, entstehen als Abwehrreaktion rote, teils eitrige Entzündungsherde, die sich vor allem am Kopf und den Pfoten befinden. Die Demodikose ist in einer lokalisierten, also eng auf einen Abschnitt begrenzten, und in einer generalisierten Form, auf den ganzen Hund verbreitet, bekannt. Eine Ansteckung ist vom infizierten Muttertier auf die Welpen über die Muttermilch, nicht jedoch durch einfachen Körperkontakt möglich. Eine Behandlung der lokalisierten Form ist oftmals nicht notwendig. Weitet sich

das Problem zu einem generellen aus, ist eine umfangreichere Behandlung mit speziellen Mitteln zwingend. Ihr Tierarzt ist unbedingt zu Rat zu ziehen. Da die Demodikose nicht ausheilt, sondern nur zurückgedrängt werden kann, müssen Sie weiterhin mit Rückschlägen rechnen, die durch eine erneute Immunschwächung Ihres Hundes, wie Stress, Trächtigkeit, andere Krankheiten, etc. ausgelöst werden können.

Darmparasiten
Die häufigsten Darmparasiten der Hunde sind Würmer, wobei mit Wurm keine biologische Art oder Gattung, sondern eine Organisationstufe beschrieben wird. Unter Würmern verstehen wir längliche, im Querschnitt runde bis ovale, wirbel-

lose Lebewesen von meist nur geringer Größe. Ihr Vorkommen im Darm bereitet meist nur bei stärkerem Befall Probleme und kann durch spezielle Wurmkuren leicht behandelt werden. Spulwürmer, auch Rundwürmer genannt, stellen gerade bei Welpen aufgrund ihrer Toxine eine Gefahr dar, Haken- und Peitschenwürmer sind ebenfalls eher für Welpen problematisch, Bandwürmer sind auch für ausgewachsene Hunde gefährlich.

Der Hundespulwurm, *Toxocara canis*, ist wohl der bedeutendste Darmparasit, immerhin gelten über 90 Prozent aller Welpen als infiziert. Typische Symptome sind Erbrechen und Durchfall, die Welpen haben keinen Appetit und magern als Folge stark ab, wobei gleichzeitig ein aufgedunsen wirkender Bauch zu beobachten ist. Während ihrer Entwicklung wandern die Spulwurmlarven durch die Darmwand in die Leber, von dort in die Lunge. Hier werden sie ausgehustet und ein Großteil der Würmer sofort wieder verschluckt, so gelangen die adulten Würmer zurück in den Darm, wo sie Ihre Eier legen, aus denen dann neue Larven schlüpfen. Die Stoffwechselprodukte der Wurmlarven können zu Allergien führen, das massenhafte Druchbrechen der Darmwand und Lungen kann diese stark schädigen und zu Infektionen führen. Die Larven im Darm können sich derart stark vermehren, dass sie den Darm verschließen oder zumindest der Nahrung so viele Nährstoffe entziehen, dass sie für den Welpen nicht mehr genügt. Die dramatische Folge sind Unterernährung, Entwicklungsschäden und der Tod.

So bedrohlich sich die Situation hier darstellt, so einfach ist die Behandlung. Heut-

zutage stehen genügend Wurmmittel zur Verfügung, mit denen eine Behandlung einfach und effektiv ist. Entscheidend ist die Konsequenz der Behandlung, denn der Kreislauf zwischen der Infektion der Welpen mit der Muttermilch und umgekehrt der Mutter am Welpenkot kann nicht unterbrochen werden. Somit müssen Sie die Behandlung

Obwohl die Muttermilch lebenswichtige Nährstoffe und Antikörper enthält, infizieren sich die Welpen über die Muttermilch auch mit Würmern. Eine regelmäßige Entwurmung ist deshalb schon im Welpenalter notwendig. kleines Foto: Karin van Klaveren

Erwachsene Hunde sollten mindestens halbjährlich entwurmt werden, leben Kinder im Haushalt sogar vierteljährlich. großes Foto: S. und H. Dilk

über ein bis zwei Monate fort. Erwachsene Hunde sollten Sie halbjährlich entwurmen, leben Kinder im Haushalt, ist eine vierteljährliche Entwurmung ratsam. Menschen können sich infizieren, stellen für Spulwürmer aber Fehlwirte dar. Die Entwicklung der Würmer bleibt unvollständig, die Larven verkapseln sich in Muskeln und Organen, wo sie zu Unbeweglichkeit und Entzündung führen können. Eine Infektion ist allerdings nur über die Eier im Hundekot möglich.

sowohl der Welpen, das erste Mal im Alter von circa zwei Wochen, als auch der Mutter und des Vaters regelmäßig wiederholen. Die verfügbaren Präparate unterscheiden sich geringfügig in der Anwendung, in der Regel entwurmen Sie alle 14 Tage. Um die Welpen nach der Stillzeit vollständig von den Würmern zu befreien, setzen Sie die Behandlung noch

Peitschenwürmer befallen alle Hunde, sind aber nur für Welpen und auch nur bei starkem Befall ein Problem. Als Blutsauger bohren sie sich in die Darmschleimhaut und saugen hier, was zu einer Blutarmut (Anämie) und als Folge zu einer allgemeinen Schwächung und Entwicklungsstörungen führen kann. Die Behandlung stellt keine Probleme dar, Sie erhalten entweder spezielle Wurmkuren oder nehmen ein breit wirkendes Mittel.

Hakenwürmer sind in unseren Breiten zwar nicht heimisch, jedoch im Mittelmeerraum verbreitet und deshalb auch für Ihren Hund zumindest im Urlaub ein Risiko. Die Infektion erfolgt über den Kot infizierter Hunde, die Würmer dringen über die Haut, bevorzugt an weniger behaarten Stellen, ein und wandern in den Dünndarm, aber auch in Herz, Lunge oder Luftröhre, wo sie sich an den Gefäßwänden festhaken und sich von Blut ernähren. Die Eintrittsstellen der Würmer infizieren sich, röten, schwellen leicht an und jucken. Vergrößern sich diese Stellen durch Kratzen, folgen Sekundärinfektionen. Die Hakenwürmer selbst schädigen gerade Junghunde und Welpen durch den massiven Blutverlust. Die eintretende Anämie schwächt die Hunde, hemmt ihre Entwicklung und führt somit zum Tod. Welpen können sich auch direkt mit der Muttermilch infizieren. Die Behandlung und Prophylaxe entspricht der bei einem Spulwurmbefall.

Bandwürmer unterschiedlicher Arten befallen Hunde stets nicht direkt, also nicht von Hund zu Hund, sondern benötigen für ihre vollständige Entwicklung Zwischenwirte, über die sie übertragen werden. Der Hundebandwurm, auch Gurkenkernbandwurm genannt, *Dipylidium caninum*, wird über infizierte Hundeflöhe und Haarlinge übertragen, wenn Hunde diese zerbeißen und schlucken. Die Zwischenwirte haben infektiöse Finnen der Bandwürmer in sich, aus denen sich im Hundedarm die adulten Bandwürmer entwickeln. Diese legen im Darm ihre Eier,

vermehren sich aber auch ungeschlechtlich, indem sie einzelne Wurmglieder, die Proglottiden, abschnüren, die selbst zu infektiösen Finnen heranwachsen. Es sind diese Proglottiden, die einen Juckreiz am Anus verursachen, den der Hund durch das typische Rutschen auf dem Po zu lindern versucht. Die austretenden Bandwurmglieder können Sie mit bloßem Auge sehen und somit einen Befall schnell selbst diagnostizieren. Schädigen können Bandwürmer sowohl junge Hunde und Welpen als auch erwachsene Hunde. Ferner belastet jeder Parasit das Immunsystem und eine Infektion weiterer Hunde oder gar des Menschen ist nicht erwünscht. Daher muss jede Bandwurminfektion schnell behandelt werden.

Neben dem Hundebandwurm können auch verschiedene Taenien-Arten, eine andere Gattung von Bandwürmern, den Hund befallen. Die Finnen dieser Arten finden Sie im Muskelfleisch infizierter Zwischenwirte. Zu diesen Zwischenwirten gehören so ziemlich alle Fleischlieferanten, so auch Rinder und Schweine. Eine Infektion ist nur über frisches, rohes Fleisch möglich. Gekochtes oder tiefgekühltes Fleisch (mindestens zwei Tage bei minus 20 Grad) ist nicht mehr infektiös. Für den Menschen besonders gefährlich ist eine Infektion mit Bandwürmern der Echinococcus-Arten. Auch sie entwickeln sich über Zwischenwirte. Dient der Mensch als Zwischenwirt, so stellt er einen Fehlwirt dar. Es entwickeln sich in ihm die infektiösen Stadien, die Finnen, die beim Fuchsbandwurm, *Echinococcus multilocularis*, Kindskopfgröße erreichen können. Diese Finnen sind äußerst fragil, beinhalten tausende Bandwurmlarven und können tödliche Gewebeschäden, gerade in der Leber, verursachen. Besonders tückisch ist, dass die Proglottiden dieser Art mit dem bloßen Auge nicht sichtbar sind.

Hunde infizieren sich als Endwirte, der Befall stellt für sie keinen lebensbedrohlichen Zustand dar, eine Behandlung ist aber gerade auf Grund der gravierenden, meist tödlichen Folgen für den Menschen unbedingt notwendig. Die Infektion Ihres Hundes erfolgt über infiziertes Fleisch der Zwischenwirte, besonders von Nagetieren. Alle Bandwurminfektionen lassen sich mit speziellen Wurmkuren behandeln. Eine regelmäßige Untersuchung ist ratsam, gerade vor Impfungen, denn auch eine kleine Schwächung des Immunsystems macht eine Impfung gefährlich!

Infektionskrankheiten

Infektionskrankheiten werden durch Viren, Bakterien oder Einzeller verursacht. Sie werden entweder direkt von Hund zu Hund oder über sogenannte Vektoren, zum Beispiel Zecken, übertragen. Ein defektes oder geschwächtes Immunsystem begünstigt eine Infektion ebenso wie Wunden in der Haut, die das Eindringen der Keime erleichtern. Neben verschiedenen, erregerspezifischen Symptomen gehen Infektionskrankheiten meist mit hohem Fieber einher.

Bakterielle Infektionen

Leptospirose

Die verbreitetste Form der Leptospirose ist die Stuttgarter Hundeseuche. Die bakteriellen Erreger werden von Einzellern übertragen, die vor allem in stehenden Gewässern vorkommen. Eine

Vor vielen Infektionskrankheiten schützen Impfungen inzwischen sehr effektiv, wenn Sie an die jährliche Auffrischung denken.
Foto: I. Francais

Infektion von infizierten Hunden auf andere ist über den Urin und Speichel ebenfalls möglich.

Nach einer Inkubationszeit von wenigen Tagen bis zu drei Wochen zeigen sich als Folge einer schweren Magen-Darm-Entzündung starkes Erbrechen, teils blutigen Durchfall und Fieber über 40° C. Es kann in schweren Fällen zu Nieren- und Leberentzündungen mit Symptomen einer Gelbsucht kommen. Auch im Maul machen sich geschwürartige Entzündungen breit, die von einem fauligen Mundgeruch begleitet werden. Die Hinterläufe zeigen Lähmungserscheinungen. Die Behandlung ist erfolgversprechend, wenn die Diagnose früh gestellt wird und noch keine Organe geschädigt sind. Leider ist ein Organversagen meist das erste Anzeichen der Infektion. Es muss jedoch gar nicht erst zu einer Infektion kommen, da wirksame Impfstoffe erhältlich sind.

Zwingerhusten (Tracheobronchitis)

Der Zwingerhusten ist eine Mischinfektion von Viren (häufig Parainfluenza-Viren) und Bakterien (meist *Bordetella bronchiseptica*), die sich auf die Luftröhre und die Bronchien beschränkt. Unbehandelt führt diese Infektion zu einer schweren Lungenentzündung mit Sekundärinfektionen, die sich durch die Grundschwächung des Immunsystems ausbreiten. Ansteckungsorte sind überall dort, wo viele Hunde gemeinsam auf engem Raum gehalten werden, vor allem Tierheime und Hundehandlungen, aber auch Ausstellungen und Hundeplätze. Eine Behandlung ist erfolgversprechend, solange die Sekundärinfektionen nicht zu schwer sind. Die Behandlung richtet sich gegen den bakteriellen Erreger. Eine Impfung gegen Zwingerhusten ist auf Grund der unterschiedlichen Erreger umstritten, in meinen Augen aber ratsam. Die Vakzine ist ein Mischpräparat gegen die häufigsten Auslöser und somit auch therapeutisch sinnvoll.

Virusinfektionen

Ansteckende Leberentzündung (Hepatitis contagiosa canis, H.c.c.)

Die ansteckende Hepatitis, die durch sämtliche Körperflüssigkeiten und somit auch reinen Körperkontakt übertragen wird, kann sehr unterschiedlich verlaufen. Neben Fällen, bei denen die Hunde nach wenigen Stunden bis einigen Tagen ohne typische Symptome sterben, kann die Krankheit auch subakut verlaufen. Dann fiebert der Hund nur leicht, sein Zustand verbessert sich wieder und er zeigt im Anschluss eine ein- bis zweiwöchige, einseitige und meist selbstheilende Hornhauttrübung. Akute Krankheitszeichen sind ein hoher Fieberanstieg, ein apathisches Verhalten und Nahrungsverweigerung. Nach einem ersten, meist einwöchigen Fieberanfall verbessert sich der Zustand des Hundes zunächst, um sich anschließend entscheidend zu verschlechtern. Als weitere Symptome können nun auch Erbrechen und blutiger Durchfall auftreten. Auch nach erfolgreicher Behand-

Denken Sie dran!
Verpassen Sie nicht die Termine für notwendige Auffrischimpfungen. Auch wenn die Hersteller für bestimmte Impfstoffe Angaben machen, der Schutz halte 12 bis 24 Monate, ist eine jährliche Auffrischung für alle Impfungen wichtig. Impfungen stärken das Immunsystem insgesamt und sind eine notwendige, sinnvolle und sehr direkte Gesundheitsvorsorge.

Erhöhte Infektionsgefahr besteht vor allem für Welpen und auf Veranstaltungen, auf denen viele Hunde zusammentreffen, wie Hundeschauen und andere Wettbewerbe. Foto: Karin van Klaveren

lung, die vom Tierarzt stark dem Einzelfall angepasst werden muss, können Spätschaden, häufig eine Gelbsucht, zurückbleiben.

Die regelmäßige Impfung bewahrt Sie und Ihren Hund sicher vor den dramatischen Verläufen der Infektion.

Parvovirose

Diese gerade für Welpen und Junghunde lebensbedrohliche Viruserkrankung wird nur von Hund zu Hund über Ausscheidungen übertragen.

Die Erreger schädigen die Darmzotten, was zu blutigen Durchfällen führt, auch Erbrechen ist ein Anzeichen für die Infektion. Bei jungen Hunden kann eine Herzmuskelentzündung den Zustand verschlechtern, die mit plötzlichem Herzversagen enden kann.

Die Behandlung ist je nach Alter und Schwere der Infektion mehr oder weniger hoffnungsvoll. Die Schutzimpfung ist ein Muss, und auch wenn sie nicht hundertprozentig schützen kann, wird der Krankheitsverlauf entscheidend gemildert. Gerade der Zeitpunkt der ersten Impfung kann Probleme bereiten, denn die ersten Antikörper erhalten die Welpen durch die Muttermilch. Wird zu früh geimpft, werden die Antikörper verbraucht und der Welpe produziert nicht schnell genug einen eigenen Abwehrschutz. Impfen Sie zu spät, entsteht ebenfalls eine Immunlücke, da sich die Antikörper der Mutter nicht so lange im Kreislauf des Welpen halten. Glücklicherweise gibt es inzwischen spezielle Frühimpfstoffe zur Welpenbehandlung, die genau dieses Problem umge-

hen. Sprechen Sie mit Ihrem Tierarzt über diese Möglichkeit.

Staupe

Die Staupe, eine Virusinfektion, deren Infektionsquellen neben infizierten Hunden auch verschiedene Wildtiere sind, verläuft in verschiedenen, charakteristischen Schüben. Je nach Ausprägung durchläuft der Hund alle oder nur einige der genannten Stadien, aber immer mit der katarrhalischen Form beginnend.

Bei der katarrhalischen Form erhöht sich die Körpertemperatur des Hundes kurze Zeit nach der Infektion stark, aber nur sehr kurz und ist dadurch für den Besitzer kaum merklich. Die Entzündung verschiedener Schleimhäute bleibt meist subakut. Nach einer Woche folgt ein zweiter, heftiger Fieberschub, der mit einer Lungenentzündung einhergeht. Der eitrige Augen- und Nasenausfluss ist nun unübersehbar. Erfolgt in diesem Stadium keine Behandlung, ist eine Heilung und selbst ein Überleben des Hundes beinahe aussichtslos. Jedoch kann bei ausgebrochener Staupe nie mit einer vollständigen Genesung Ihres Hundes gerechnet werden. Manchmal kommt es nun zu einer starken Verhornung der Ballen.

Die zentralnervöse Phase schließt sich entweder an die katarrhalische Phase an, der Hund kann aber auch bis hier beinahe symptomlos bleiben. Zu den genannten, jetzt wiederkehrenden Symptomen kommen nun zentralnervöse Störungen in Form von Bewegungsunfähigkeit, Koordinationsschwierigkeiten und starken Krämpfen. In diesem Stadium sterben die Hunde meist sehr schnell. Der sogenannte Staupetick, ein nervöses Kopfzucken, ist der Spätschaden für die, die überleben. Junge Hunde, die die Staupe überleben, zeigen starke Schäden am Zahnschmelz, wenn sie die Infektion im dritten bis vierten Lebensmonat durchmachten. Zu dieser Zeit befindet sich das spätere Gebiss im Aufbau und kann geschädigt werden, man spricht dann vom Staupegebiss.

Manchmal können Sie in der Literatur noch von Spätfolgen der Staupe lesen, wonach sehr alte Hunde, die eine Staupe überlebten, zunehmend unter einem spürbaren Intelligenzverlust und motorischen Störungen leiden. Ob hier wirklich ein Zusammenhang besteht, ist zumindest fraglich.

Die einfache Vorsorge ist die planmäßige Impfung, die Ihrem Hund einen ausreichenden Schutz bietet.

Tollwut

Obwohl die Tollwut, die durch einen Virus übertragen wird und zur Infektion über den Speichel in eine offene Wunde gelangen muss, heutzutage sehr selten geworden ist, ist sie immer noch zu Recht gefürchtet, denn eine Heilung ist nicht möglich! Die Viren wandern nach der Infektion zum Gehirn des Hundes und von dort in die Speicheldrüsen. Um sich dem Immunsystem zu entziehen, gelangen die Viren nicht über das Blut, sondern über die Nervenbahnen an ihr Ziel. Am lebenden Hund kann somit keine Tollwut nachgewiesen werden! Umso wichtiger ist ein perfekter Impfschutz, denn liegt die letzte Impfung auch nur einen Tag mehr als 365 Tage zurück, kann Ihr Hund auf amtstierärztliche Weisung hin getötet werden, wenn er zuvor Kontakt mit einem tollwutverdächtigen Tier gehabt hat! Erreichen die Viren das Gehirn, treten Veränderungen auf, die den Hund speicheln und agressiv werden lassen – doch bei weitem nicht alle infizierten Hunde zeigen diese Symptome. Je nachdem wie weit entfernt vom Gehirn die Viren in den Kreislauf eintreten, kann die Inkubationszeit einige Monate betragen. Nach Ausbruch der Krankheit tritt der Tod meist innerhalb weniger Tage ein.

Auch wenn die Tollwut weitgehend zurückgeschlagen wurde, müssen Sie Ihren Hund unbedingt und unbedingt pünktlich impfen lassen. Die Krankheit ist auf den Menschen übertragbar und auch für uns tödlich. Notieren Sie sich den Impftermin im Kalender, denn eine Infektion führt immer zum Tod.

Pseudowut (Aujeszkysche Krankheit)

Eine sehr seltene, der Tollwut in ihrer Symptomatik ähnliche Erkrankung, ist die Pseudowut. Der starke Speichelfluss und Schluckbeschwerden erinnern an die Tollwut, die Hunde verspüren zudem einen starken Juckreiz am gesamten Körper. Die Krankheit endet immer tödlich, eine Infektion ist aber nur über rohes Schweinefleisch möglich. Eine weitergehende Prophylaxe, als niemals rohes Schweinefleisch zu füttern, ist nicht notwendig.

Einzellerinfektionen

Toxoplasmose

Die Erreger der Toxoplasmose sind Einzeller der Art *Toxoplasma gondii*, die als Stammwirt die Katze haben. Hier bilden sie infektiöse Dauerformen, eine Ansteckung Katze auf Hund ist jedoch selten, eher werden Hunde durch rohes Schweine- oder Rindfleisch infiziert. In Hunden bilden sich keine infektiösen Stadien, ein erkrankter Hund stellt somit keine Gefahr für den Menschen dar.

Leidet ein trächtiges Weibchen an Toxoplasmose, so kann es zu Fehlgeburten und Missbildungen der Föten kommen. Gesunde Hunde bleiben oft symptomfrei. Die Einzeller bilden Dauerformen in Organen und Muskeln, die bei abwehrgeschwächten oder abwehrschwachen Hunden zur Erkrankung führen. Die Symptomatik reicht dann von Apathie, über Magen-Darm-Beschwerden bis hin zu zentralnervösen Störungen. Die Behandlung ist mit Antibiotika möglich.

Einzellige Darmparasiten

Kokzidien und Giardien sind Einzeller, die sich in den Darmzellen einnisten und bei immunschwachen oder jungen Hunden zu ernsteren Problemen durch starken Durchfall führen. Normalerweise sind erwachsene Hunde immun und zeigen, wenn überhaupt, bei einer Infektion einen dünnen Stuhl. Die Erreger sind nicht immer und nur schwer im Kot nachweisbar. Eine Diagnose ist somit recht schwierig. Sollte Ihr Hund jedoch an unerklärbarem Durchfall leiden, gerade wenn er häufiger an öffentlichen Stellen baden geht, denken Sie besonders an eine solche Infektion. Die Behandlung durch Ihren Tierarzt ist unproblematisch.

Ridgebacks sind nicht nur gute Jagdhunde, sie wurden auch immer schon als Wachhunde gehalten. Hier kommt ihnen ihre natürliche Selbstsicherheit und anmutiges Auftreten entgegen. Fremden gegenüber verhalten sie sich freundlich, aber reserviert. Foto: I. Francais

Die richtig eingesetzte Erste Hilfe kann Leben retten – dies gilt bei Menschen genauso wie bei Hunden. In vielen lebensbedrohlich wirkenden Situationen können Sie Ihrem Hund durch einfache Handgriffe das Leben retten und weitere Behandlungen unnötig machen. Genauso helfen aber auch erste Maßnahmen, um eine gefährliche nicht in eine lebensbedrohliche Situation ausufern zu lassen. Wichtig ist für Sie und Ihren Hund, dass Sie die Gefahrensituation erkennen und in der Lage sind, entsprechend zu handeln. Hierbei ist es an Ihnen, eine erste Verdachtsdiagnose aufzustellen und die zuvor beschriebenen Körperfunktionen wie Temperatur, Herzschlag und Atmung kontrollieren zu können. Die folgenden Erste Hilfe-Maßnahmen helfen Ihnen in den am häufigsten vorkommenden Gefahrensituationen weiter. Sie sollten sich mit Ihnen vertraut machen.

Wie immer ist die Vermeidung dieser Gefahren der beste Weg. Lassen Sie Ihren Hund gar nicht erst in eine bedrohliche Situation kommen. Da Sie dies aber nie ausschließen können, sollten Sie die beschriebenen Erste-Hilfe-Maßnahmen schon als „Trockenübungen" mit Ihrem Hund exerzieren, damit Sie beide im Notfall gut auf die lebensrettenden Handgriffe vorbereitet sind und Ihre Unerfahrenheit nicht zum zusätzlichen Risikofaktor wird.

Was Sie im Notfall unbedingt zu Hause haben sollten

Der Erste-Hilfe-Koffer für Ihren Hund ist ähnlich aufgebaut wie Ihr eigener, den Sie zum Beispiel aus Ihrem Auto kennen. Er sollte immer griffbereit und einsatzfähig sein. Die folgenden Utensilien muss der Koffer unbedingt beinhalten:

- ❏ **Verbandszeug bestehend aus Baumwoll-Watte, Mullbinden, Endlospflaster, selbstklebenden Verbänden, sterilen Auflagen und Kompressen, Tupfern und mehreren Bandagen unterschiedlicher Länge und Breite**

- ❏ **verschiedene Desinfektionsmittel, wie Jodtinktur, Alkohol und Mercurochrom**

- ❏ **antiseptische Salben und Puder**

- ❏ **Zum Applizieren der Medikamente benötigen Sie Pipetten und Spritzen (ohne Kanüle)**

- ❏ **Pinzetten, eine Zeckenpinzette, eine Verbandsschere, ein digitales Fieberthermometer und Heiß- und Kaltkompressen**

Ferner sollten Sie die Telefonnummer Ihres Tierarztes immer griffbereit haben. Viele Tierärzte sind für Sie in Notfällen rund um die Uhr verfügbar und geben Ihnen auch ihre Mobilfunk-Nummer, falls vorhanden. Sollte Ihr Tierarzt nicht immer erreichbar sein, lassen Sie sich die Nummer und Adresse einer Notbereitschaft geben. Erkundigen Sie sich beim Urlaub Ihres Arztes nach einer Vertretung und machen Sie sich mit der schnellsten Anfahrt dorthin vertraut, denn im Notfall zählt jede Sekunde, die nicht mit der Suche im Stadtplan vergeudet werden darf. So gerne Ihnen Ihr Tierarzt sicher zu jeder Tages- und Nachtzeit hilft, so wenig erfreut wird auch er mitten in der Nacht über einen Fehlalarm sein. Stellen Sie deshalb mit Ihren Möglichkeiten sicher, dass es sich um einen wirklichen Notfall handelt. Sichere Zeichen hierfür sind:

- ❏ **ein unnatürlich helles Zahnfleisch**
- ❏ **ein fester, verspannter Bauch**
- ❏ **Bewusstlosigkeit**
- ❏ **Blutungen aus Körperöffnungen, Blut in Stuhl oder Urin**
- ❏ **stark blutende Verletzungen**
- ❏ **starke Schmerzen bei Druck auf den Körper oder beim Bewegen der Glieder**
- ❏ **die Unfähigkeit, ohne Hilfe zu stehen**
- ❏ **verlangsamte Atmung und Herzschlag, ebenso eine deutliche Beschleunigung**
- ❏ **Verletzungen am Auge**
- ❏ **starker Brechdurchfall**

Wenn der Ernstfall eingetreten ist

Das Wichtigste für Sie und Ihren Hund ist, erst einmal die Ruhe zu bewahren. Auch wenn Sie voll Sorge sind und schnell helfen wollen, behalten Sie einen klaren Kopf und vor allem agieren Sie nicht hektisch. Jede Unruhe überträgt sich auf Ihren Hund und macht ihn zu einem noch unberechenbareren Patienten. So lieb und ruhig Ihr Hund auch im gesunden Zustand ist, hat er ernsthafte und dazu womöglich noch schmerzhaf-

te Gesundheitsprobleme, kann auch er einmal zubeißen und nicht sehr kooperativ sein. Um in dieser Ausnahmesituation die Belastungen für ihn zu verringern der dringende Rat, die wichtigsten Handgriffe schon im Vorfeld zu erproben. Hierzu gehört an erster Stelle das Anlegen des Notfallmaulkorbs.

Der Notfallmaulkorb

Ein Hund, der Schmerzen hat und sich in einer Stress- oder gar Paniksituation befindet, beißt schnell nach allem, was sich ihm nähert. Wollen Sie einem Hund in dieser Situation helfen und sich ungefährdet nähern, muss ihm ein Maulkorb angelegt werden, wenn nicht der Tierarzt zur Stelle ist und ein Beruhigungsmittel spritzen kann. Da Sie nicht unbedingt einen eigenen Maulkorb besitzen oder ihn immer bei sich tragen, können Sie einen Notfallmaulkorb als voll funktionsfähiges Provisorium schnell selbst fertigen und anlegen. Sie benötigen hierzu lediglich ein circa ein Meter langes Stück reißfesten Stoff, nur im Notfall nehmen Sie eine Schnur. Die Schnur darf nicht zu dünn sein, um den Hund nicht durch Einschnüren zu verletzen. Dinge, die sich gut eignen und fast immer schnell zu bekommen sind, sind die Hundeleine, eine Krawatte, ein Schal oder ähnliches. Die einzelnen Schritte der Reihenfolge nach: Fertigen Sie in der Mitte Ihres Bands eine Schlaufe, indem Sie einen lockeren, einfachen Knoten binden. Ziehen Sie diese Schlaufe über die Schnauze des Hundes und ziehen den Knoten auf dem Nasenrücken fest. Aber vorsichtig, ohne gebissen zu werden! Dies ist der einzige heikle Moment für Sie! Nun verknoten Sie das

Die Erste Hilfe kann Leben retten. Üben Sie die wichtigsten Handgriffe, damit Sie und Ihr Hund im Notfall nicht durch Ihre Unsicherheit gefährdet werden.
Foto: Karin van Klaveren

Band ein zweites Mal unter dem Unterkiefer und ziehen wieder fest zu.

Sollte die Situation ein zweimaliges Verknoten nicht erlauben, lassen Sie den ersten Knoten einfach weg und verknoten die Schlinge einmal unterhalb der Schnauze. Um den Maulkorb zu fixieren, führen Sie die beiden Enden nun unter den Ohren in den Nacken und machen dort ebenfalls zwei feste Knoten - der Notfallmaulkorb ist fertig angelegt! Diese Prozedur ist für den Hund nicht unangenehm, sondern nur ungewohnt. Üben Sie deshalb mit ihm das Anlegen, damit sie beide mit der Technik vertraut sind.

Bedenken Sie bitte, dass ein Maulkorb die Atmung beeinträchtigt und auch ein Erbrechen behindert. Kontrollieren Sie dies, um ein Ersticken zu verhindern, und legen Sie einem erbrechenden Hund niemals einen Maulkorb an.

Wiederbelebung

Setzt bei Ihrem Hund die Atmung oder der Herzschlag, im schlimmsten Fall beides, aus, muss sofort mit der Wiederbelebung begonnen werden. Achten Sie während der Maßnahmen darauf, dass der Hund nicht auskühlt, indem Sie ihn

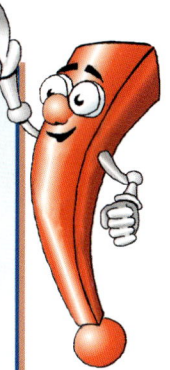

Denken Sie dran!

In einer Notfallsituation kommt es nicht nur auf Ihr Wissen an, sondern auch darauf, dass Sie ruhig bleiben und sich nicht von der Hektik der Situation anstecken lassen. Hierbei hilft Ihnen die Übung und das Wissen um die notwendigen Handgriffe. Am besten üben Sie die wichtigsten Erste Hilfe-Maßnahmen mit Ihrem Hund.

zum Beispiel in eine Decke einhüllen. In jedem Fall alarmieren Sie zu Ihren eigenen Bemühungen noch den Tierarzt.

Setzt allein die Atmung aus, legen Sie den Hund zunächst auf die Seite, kontrollieren Sie, ob ein Fremdkörper die Atemwege verschließt und entfernen Sie ihn (siehe auch „Ersticken"). Atmet der Hund wieder normal, ist der Notfall überstanden; setzt die Atmung nicht wieder ein, beginnen Sie mit der Mund-zu-Nase-Beatmung. Durchschnittlich atmet ein Hund ungefähr 20-mal pro Minute. An diesem Wert orientieren Sie sich auch bei der Beatmung. Das heißt, alle drei Sekunden füllen Sie die Lungen des Hundes mit Luft. Dazu setzen Sie Ihren Mund auf die Nase des Hundes, halten sein Maul zu und atmen in die Hundenase aus. Nach jeder Beatmung öffnen Sie das Maul des Hundes und ziehen seine Zunge hervor, um ihm ein freies, eigenständiges Atmen zu ermöglichen. Falls Sie den direkten Kontakt mit der Hundenase vermeiden wollen, legen Sie ein dünnes Tuch (Taschen- oder Haushaltstuch) über die Hundeschnauze. Beatmen Sie den Hund so lange, bis er wieder selbst atmet, und beobachten Sie ihn weiterhin gründlich. Setzt die Atmung auch nach einigen Minuten nicht wieder ein, kann nur der Tierarzt weiterhelfen, den Sie auf jeden Fall alarmieren müssen – auch bei erfolgreicher Beatmung.

Setzt allein der Herzschlag aus, müssen Sie eine Herzmassage durchführen. Hierzu legen Sie den Hund auf die rechte Körperseite. Ist der Hund sehr klein und können Sie den Brustkorb mit einer Hand umfassen, drücken Sie einfach Ihre Hand im Bereich der dritten bis sechsten Rippe von beiden Seiten zusammen. Ist der Hund größer, legen Sie ihre eine Hand flach auf die Rippen der linken Körperseite, wieder zwischen der dritten und sechsten Rippe, und drücken mit der anderen Hand auf ihre untere Hand. Das Hundeherz schlägt etwa so häufig wie bei uns Menschen, also 80 bis 100 mal in der Minute. Diese Frequenz sollten auch Ihre Wiederbelebungsversuche haben. Fahren Sie mit Ihren Bemühungen fort, bis das Herz wieder von alleine schlägt und beobachten Sie den Hund weiterhin sorgfältig. Den Tierarzt sollten Sie in jedem Fall verständigen.

Fallen sowohl die Atmung als auch der Herzschlag aus, verfahren Sie entweder so, wie oben beschrieben, wenn Ihnen ein Helfer zur Seite steht, so dass jeweils einer von Ihnen die Herzmassage oder die Beatmung übernehmen kann, oder Sie müssen einen Kompromiss eingehen. Wechseln Sie zwischen Beatmung und Herzmassage in einem ständigen Wechsel zwischen zweimal beatmen und achtmal Druck auf den Brustkorb. Ideal wäre ein Zyklus von zehn Malen pro Minute, versuchen Sie zumindest alle zehn Sekunden einen Zyklus abzuschließen.

Sollte Ihr Hund trotz aller Bemühungen nicht wiederzubeleben sein, müssen Sie sich mit dem Schicksal abfinden. Eindeutige Zeichen dafür, dass jede weitere Hilfe zu spät kommt, sind geweitete Pupillen, blau angelaufenes Zahnfleisch, eine blaue Zunge und das Fehlen jeglicher Reflexe.

Ersticken

Befindet sich Ihr Hund in einer Situation, in der er zu ersticken droht, ist schnellste Hilfe erforderlich. Deutliche

Anzeichen dafür, dass Ihr Hund zu wenig oder gar keine Luft bekommt, sind neben dem sichtbaren Unvermögen, frei durchzuatmen, auch starker Speichelfluss und später eine Blaufärbung der Zunge. Die häufigsten Ursachen für Erstickungsanfälle sind Schwellungen oder Fremdkörper im Rachenraum, am Zungengrund oder in der Luftröhre. Um die tatsächliche Ursache herauszufinde, fixieren Sie den Hund zwischen Ihren Beinen und öffnen sein Maul vorsichtig, um ihm in den Hals sehen zu können. Ziehen Sie seine Zunge leicht heraus, um auch Fremdkörper im hinteren Rachenbereich erkennen zu können. Haben Sie das störende Teil entdeckt, versuchen Sie es entweder mit einem stumpfen Gegenstand, am besten einer Pinzette, zu entfernen. Kleinere Hunde können Sie auch an den Hinterbeinen packen und auf den Kopf stellen. Sollte sich der Gegenstand so nicht entfernen lassen, fahren Sie schnellstmöglich zum Tierarzt und beatmen Ihren Hund notfalls Mund-zu-Nase (siehe „Wiederbelebung"). Gerade spitze Gegenstände wie Fischgräten, Röhrenknochen von Geflügel oder auch zu kleine und leicht splitternde Rinder- oder Schweineknochen bleiben gerne im Hals stecken und können nicht ohne weiteres entfernt werden, wie unter „Fremdkörper" noch beschrieben wird.

Entdecken Sie keinen Fremkörper im Hals des Hundes, so sitzt er entweder zu tief oder der Erstickungsanfall ist auf eine Verengung der Luftröhre zurückzuführen. In den meisten Fällen ist das Anschwellen der inneren Schleimhäute eine allergische Reaktion, die mit Antihistaminen schnell behandelt werden kann. Ein Anti-

histaminikum gehört in den Erste-Hilfe-Koffer jedes allergisch reagierenden Hundes. Eine erste Dosis sollten Sie sofort verabreichen, der Besuch beim Tierarzt muss sofort erfolgen.

Ertrinken

Jeder Hund kann von Geburt an schwimmen, so auch Welpen. Zu lebensbedrohlichen Situationen im Wasser kann es dann kommen, wenn das rettende Ufer oder der Ausgang aus einem künstlich angelegten Gewässer, das kann auch der Swimmingpool sein, nicht mehr erreicht werden kann, der Hund ermüdet und ihn seine Kräfte verlassen. Dies passiert erfahrungsgemäß bei jungen und alten Hunden besonders schnell. Für kleinere Rassen sind zudem manche Auswege nicht erreichbar, die eine große Rasse mit Leichtigkeit für sich nutzen kann. Auch Gewässer mit starker Strömung können eine ernste Gefahr darstellen. Kritisch ist

Vor allem junge und ältere Hunde können sich beim Ausflug ins Wasser überschätzen und in lebensbedrohliche Situationen geraten, wenn die Kräfte nachlassen. Haben Sie immer ein waches Auge auf Ihren Hund, wenn er sich im Wasser aufhält. Foto: I. Francais

der Zustand dann, wenn der Hund längere Zeit untergeht und viel Wasser schluckt oder gar in die Lungen bekommt. Bewusstlosigkeit und ein schnelles Ertrinken sind die Folge. Retten Sie einen ertrinkenden Hund aus dem Wasser, schauen Sie zunächst nach, ob sich Gegenstände in seinem Mund und Rachenraum befinden. In stark bewachsenen oder verdreckten Gewässern kann der Hund allerlei Unrat und Wasserpflanzen geschluckt haben, die eine Wiederbelebung und ein normales Atmen unmöglich machen. Entfernen Sie die Gegenstände und pumpen Sie das Wasser aus den Lungen des Hundes. Kleinere, leichtere Hunde können Sie an den Hinterbeinen greifen und nach unten hängen lassen, das Wasser kann nun normal abfließen. Größere und schwerere Hunde legen Sie auf die Seite, möglichst ist der Kopf hierbei tiefer gelegen als der Körper, und pressen mit der flachen Hand auf den Brustkorb, so dass das Wasser ebenfalls ungehindert abfließen kann. Sollte der Hund nun nicht von selbst anfangen zu atmen, beginnen Sie mit den bereits beschriebenen Wiederbelebungsmaßnahmen.

Insektenstiche

Gefährlich werden in der Regel nur Stiche von Wespen oder Bienen, wenn Ihr Hund allergisch reagiert oder in den Mund-Rachenraum gestochen wird. Ein Insektenstich schmerzt den Hund und Sie werden leicht feststellen können, wo Ihr Hund gestochen wurde. Sehen Sie sich die Stelle genau an und entfernen Sie bei Bienenstichen vorsichtig den Stachel, ohne dabei auf den zurückgebliebenen Giftsack zu drücken, was nur noch mehr Gift in die Wunde bringen würde. Ideal ist eine spitze Pinzette. Desinfizieren Sie den Einstich und geben eine kühlende Salbe auf die Stelle. Sollte Ihr Hund in den Kopf und vor allem in Mund, Nase, Zunge oder gar weiter hinten im Maul gestochen worden sein, suchen Sie sofort einen Tierarzt auf. Durch ein Anschwellen des Stichs besteht hierbei eine ernste Erstickungsgefahr. Ebenso sollten Sie sofort den Tierarzt besuchen, wenn Ihr Hund allergische Reaktionen auf den Stich zeigt. Meist schwillt schon die Einstichstelle unnatürlich stark an, gefährlich wird es aber erst, wenn Sie am Kopf des Hundes eine Schwellung feststellen und sein Zahnfleisch blass wird. Hier kann ein Schockzustand unmittelbar bevorstehen. Lassen Sie sich von Ihrem Tierarzt ein Antihistaminikum für Ihren Hund verschreiben, das Sie im Notfall verabreichen können und das erste Linderung verschafft. Gerade bei einer bekannten Allergie auf Insektenstiche ist dies lebensrettend.

Vergiftungen

Vergiftungen können die unterschiedlichsten Ursachen haben und es gilt zur adäquaten Weiterbehandlung vor allem, die Vergiftungsursache und somit das Gift ausfindig zu machen. Die Symptome sind bei den meisten Vergiftungen relativ gleich. Der Hund zeigt einen erhöhten Speichelfluss meist zusammen mit heftigem Erbrechen und Durchfall, des weiteren finden Sie oft Schleimhautblutungen. Hinzu kommen je nach Schwere der Vergiftung weitere körperliche Ausfallerscheinungen wie Gleichgewichtsstörungen, Krämpfe und häu-

Insektenstiche sind meist nur dann für Ihren Hund gefährlich, wenn er allergisch auf die Stiche reagiert oder wenn er an sehr empfindlichen Körperstellen gestochen wird. Stiche im Rachen und Mund können zu starken Schwellungen führen und die Atmung ernsthaft behindern, hier ist schnellst mögliche Hilfe notwendig.
Foto: I. Francais

fig eine allgemeine Schwäche. Zwei Dinge haben nun absolute Priorität: Die Ursache der Vergiftung herausfinden und einer Verschlechterung des Zustands entgegenwirken.

Bevor Sie lange überlegen, wo und wie sich Ihr Hund vergiftet hat, sollten Sie Ihren Hund beruhigen, so weit das in solch einer Situation möglich ist, und die normalen Körperareaktionen wie Erbrechen und Durchfall unterstützen. Verabreichen Sie kein brechreizförderndes Mittel! Viele Mittel können die Wirkung verschiedener Gifte noch verschlimmern!

Versuchen Sie nun besser, dem Übel auf die Spur zu kommen. Überlegen Sie, was der Hund gefressen hat. Waren Sie mit ihm spazieren, hat er an etwas geleckt oder an Pflanzen geknabbert, die Sie nicht kennen? Alle diese Überlegungen helfen später dem Tierarzt, die Ursache herauszufinden. Auch der Verzehr von einfacher Schokolade kann beim Hund zu schweren Vergiftungen führen! Grundsätzlich dürfen Sie Ihren Hund nie mit Lebensmitteln und Süßigkeiten füttern, die für uns Menschen hergestellt und nicht für unsere Hund bestimmt sind.

Fremdkörper

Unter Fremdkörper sind alle Gegenstände zu verstehen, die der Hund verschlingt, die aber alles andere als Nahrung für ihn sind und in Rachen, Magen oder Darm zu ernsthaften Schäden bis hin zum Tod führen können. Achten Sie unbedingt darauf, was Ihr Hund frisst, was sich an kleineren, verschluckbaren Teilen in seiner Reichweite befindet und womit er sich zu Hause und bei Spaziergängen beschäftigt.

Viele Unfälle passieren mit essbaren Gegenständen. Der berühmte Röhrenknochen im Geflügel, der leicht splittert und entweder im Rachen stecken bleibt und zum Ersticken führen kann, oder im Magen-Darm-Trakt schwere innere Verletzungen verursacht. Selbst bei Rinderknochen müssen Sie auf die Art achten. Zu kleine Knochen können verschluckt werden und sich im Rachen quer stellen und auch Rippchenknochen haben eine ähnlich spröde Konsistenz wie Röhrenknochen.

Gerne gefressen werden auch alle Verpackungsmaterialien, die noch nach den darin verpackten Lebensmitteln riechen. Wenn die eingepackte Wurst auf dem Tisch liegt, macht sich sicher kein Hund die Mühe, sie erst auszupacken, sondern verschlingt das ganze Paket. Diese Verpackungen, die meist aus Plastik sind, können nicht verdaut werden und im schlimmsten Fall werden sie auch nicht erbrochen oder ausgeschieden, sondern verschließen den Magen-Darmtrakt.

Es sind aber nicht nur solch naheliegende Gegenstände, an denen sich besonders junge und unerfahrene Hunde und Welpen vergehen. Die unvermutetsten Dinge mussten schon aus Hundemägen herausoperiert werden, weshalb Sie besonders darauf achten müssen, kleine Gegenstände sorgsam zu verstauen.

Zeigt der Hund Erstickungsanfälle, verfahren Sie wie beschrieben. Versuchen Sie jedoch niemals spitze Gegenstände wie Gräten oder Knochen selbst aus dem Rachen zu entfernen. Beim Herausziehen richten Sie schnell noch größeren Schaden an. Steckt der Fremdkörper im Hals, so hinterlässt er auch nach dem Entfernen eine Wunde, die schnell durch Bakterien infiziert werden kann und so zu schweren Entzündungen führt. Diese Wunden müssen antibiotisch versorgt werden. Ziehen Sie einen Tierarzt zu Hilfe und überbrücken die Zeit im Notfall mit einer Mund-zu-Nase-Beatmung.

Ist der Fremdkörper im Magen-Darm-Trakt, so hat der Hund im Falle eines Verschlusses einen aufgebläht wirkenden Bauch und Schmerzen bei Berührung. Hier muss sofort der Tierarzt aufgesucht werden und der Gegenstand zur Not operativ entfernt werden. Leiten Sie in diesem Fall kein Erbrechen ein, wenn sich der Hund nicht schon übergibt. Der Fremdkörper könnte weitere Schäden beim Würgen und Passieren des Rachens verursachen. In jedem Fall müssen Sie den Tierarzt informieren.

Bisswunden und ähnliche Verletzungen

Die Schwere von Bisswunden und ähnlichen Verletzungen hängt vor allem davon ab, wie tief und groß die Wunde ist und wie stark sie blutet. Handelt es sich bei der Verletzung nur um eine oberflächliche Abschürfung, genügt eine ausreichende Säuberung und Desinfektion. Um einen Verband zu befestigen und eine Verunreinigung der Wunde durch das eigene Fell zu verhindern, sollten Sie das Fell an den Seiten der Wunde abrasieren. Stellen Sie eine tiefe Wunde fest, muss diese unbedingt von einem Tierarzt versorgt werden. Sie sollten die Wunde zunächst nur reinigen und desinfizieren, ein notdürftiger Verband sollte einer neuerlichen Verunreinigung vorbeugen. Blutet die Wunde stark, legen Sie eine Kompresse an, um einen stärkeren Blutverlust zu verhindern.

Suchen Sie in jedem Fall so schnell wie möglich einen Tierarzt auf, der die Wunde adäquat versorgen und die Nachbehandlung übernehmen kann. Bei leichteren Wunden genügt dies am nächsten Tag, schwerere Wunden müssen sofort weiterbehandelt werden.

Überprüfen Sie bei dieser Gelegenheit auf jeden Fall den bestehenden Tollwutimpfschutz Ihres Hundes, gerade bei Bissen von anderen Tieren.

Blutungen

Blutungen müssen schnell von Ihnen gestoppt werden können. Bei Bissen, Schnitten oder ähnlichen Verletzungen kann die Wunde sehr stark bluten und zu einem erheblichen Blutverlust führen, der auch tödlich enden kann. Um die Blutung zu stoppen, legen Sie eine Kompresse (Druckverband) an, die Bestandteil Ihrer Erste Hilfe-Ausrüstung sein sollte. Haben Sie gerade keinen passenden Verband zur Hand, genügt auch normales Verbandszeug, das Sie fester anlegen sollten. Hierbei muss der Druck so stark sein, dass die Blutung gestoppt wird, aber noch locker

genug, um die Durchblutung nicht zu unterbinden. Lockern Sie den Verband alle 15 Minuten, um die Durchblutung zu fördern und keine Körperteile abzuschnüren. Auf jeden Fall muss der Tierarzt die Wunde betrachten und sofort eingeschaltet werden. Auch kleinere Blutungen, die Sie selbst auch ohne Druckverband mit Wundsalbe oder Pulver zum Stillstand bringen können, sollten vom Tierarzt nachkontrolliert werden.

Elektrischer Schlag

Achten Sie gerade bei Welpen und heranwachsenden Hunden darauf, dass kein Stromkabel in ihre Nähe kommt oder sie längere Zeit unbeobachtet die Möglichkeit haben, auf einem Stromkabel herumzukauen. Es gibt inzwischen die unterschiedlichsten Möglichkeiten, Schutzschalter im Stromkreis einzubauen, die bei kleinsten Kurzschlüssen die Leitungen unterbrechen. Informieren Sie sich hierzu nach dem aktuellen Ange-

Ernsthafte Bisswunden treten sehr selten auf, besonders im Spiel sind Hunde äußerst vorsichtig. Sollte es im Streit einmal zu einer schwereren Verletzung kommen, müssen Sie zunächst versuchen, die Blutung zu stoppen. Foto: Karin van Klaveren

bot bei Ihrem Elektrohändler. Ist Ihr Hund von einem elektrischen Schlag getroffen worden, unterbrechen Sie zunächst den Stromkreis, indem Sie die Sicherung herausnehmen, und bringen Sie Ihren Hund sofort zum Tierarzt. Oft hinterlassen Stromschläge zunächst symptomlose innere Verletzungen, die dann erst zu spät bemerkt werden.

Sollte Ihr Hund nach dem Schlag leblos sein, beginnen Sie mit Wiederbelebungsmaßnahmen.

Verbrennungen

Verbrennungen sind für Ihren Hund immer schmerzhaft und können zu schweren Sekundärinfektionen führen. Je größer die Brandwunde ist, desto anfälliger ist sie für Bakterien, die zu großflächigen Entzündungen führen können. Auf jeden Fall müssen Sie mit einer Verbrennung sofort den Tierarzt, bei großflächigen Verbrennungen am besten gleich die Tierklinik besuchen. Die langwierige Behandlung und Heilung ist begleitet von täglichen Verbandswechseln und einer peniblen Hygiene, um Sekundärinfektionen zu vermeiden. Aus genau diesem Grund werden auch antibakterielle Salben aufgetragen. Als Komplikation kann bei schwereren Verbrennungen ein lebensbedrohlicher Schockzustand hinzukommen.

In unsere technischen Welt gibt es viele Gefahrenquellen, die der Hund aus seiner natürlichen Umgebung nicht kennen kann, der elektrische Strom ist eine große Gefahr für Ihren Hund.
Foto: Karin van Klaveren

Schock

Ein Schock ist eine lebensbedrohliche Situation. Die Pupillen sind geweitet, zu einem flachen, schnellen Puls kommt eine flache Atmung. Beides führt unter anderem zu einer Abkühlung der Körpertemperatur und einer allgemeinen Schwäche. Die Ursachen können unterschiedlicher Natur sein, meist handelt es sich jedoch um Notsituationen in Folge starker Verletzungen. So kann ein starker Blut- oder Flüssigkeitsverlust, Panik oder auch eine starke Allgemeininfektion (Sepsis) zu einem Schock führen. Nach der Erstversorgung bringen Sie Ihren Hund so schnell wie möglich zum Tierarzt.

Hitzschlag

Zum Hitzschlag kommt es, ganz einfach gesprochen, wenn sich die Körpertemperatur Ihres Hundes über ein natürliches Maß erhöht. Dies geschieht vor allem dann, wenn Ihr Hund über einen längeren Zeitraum ungeschützt hohen Temperaturen ausgesetzt ist. Dies ist dann

der Fall, wenn Sie Ihren Hund beispielsweise im Auto zurücklassen oder auch in
der Sonne anbinden. Hierbei hat der Hund
keine Möglichkeit, der Erwärmung zu entweichen und einer Überhitzung zu ent-
kommen. Sie sehen, dass ein vorsichtiges
Verhalten Ihrerseits einmal mehr der
beste Schutz Ihres Hundes ist. Vor einem
Hitzschlag ist prinzipiell kein Hund sicher,
jedoch gibt es prädestinierte Rassen, die
besonders anfällig sind. Es sind dies Rassen mit einem kurzen, wenig isolierenden
Fell, Rassen mit dunklem Fell und Rassen
mit einer kurzen Schnauze, die das natürliche Kühlsystem der Hunde darstellt.

Die Anzeichen für einen Hitzschlag sind
neben einer flachen, schnellen Atmung,
eine erhöhte Körpertemperatur und ein
schneller Herzschlag. Dieser Zustand ist
äußerst instabil und kann schnell in einer
Bewusstlosigkeit enden. Schnelle Hilfe
ist hier überlebenswichtig.

Ihr erstes Ziel muss sein, den Hund auf
seine natürliche Körpertemperatur von
ungefähr 38° C abzukühlen. Hierbei ist
jedoch Vorsicht geboten, denn eine zu
schnelle Abkühlung würde automatisch
zu einem Kreislaufversagen und somit
einem lebensbedrohlichen Schockzustand führen. Kühlen Sie Ihren Hund am
besten mit kühlem, aber sicher nicht eis-
kaltem Wasser, das Sie entweder langsam über den Hund laufen lassen, besser Sie umwickeln die Pfoten mit feuchten Tüchern und übergießen den Körper
des Hundes zusätzlich mit kühlem Wasser. Kontrollieren Sie hierbei ständig die
Körperfunktionen des Hundes, vor allem
die Temperatur und den Herzschlag. In
schwereren Fällen ist der Organismus
des Tieres so stark geschwächt, dass der

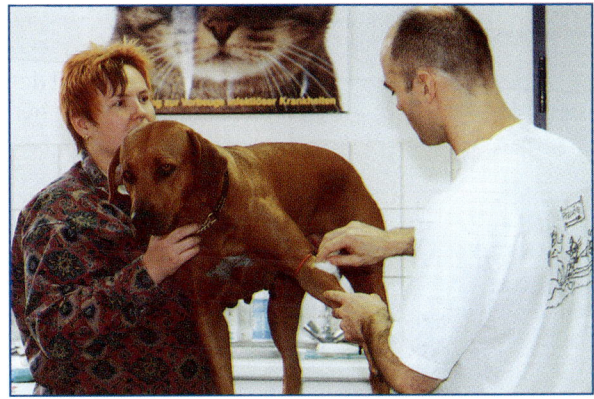

Kreislauf nicht zu stabilisieren ist. Die
Temperatur fällt auch nach Beendigung
der Kühlung und der Hund gerät in eine
weitere lebensbedrohliche Situation. In
einem solchen Fall müssen Sie den Hund
in Decken wickeln und sofort zur tierärzt-
lichen Behandlung transportieren. Auch
für den Fall, dass der Hund seine normale
Körpertemperatur wiedererlangt, sollte
ein Tierarzt ihn untersuchen.

Auch bei Ihrem
Hund können
Blutuntersuchun-
gen durchgeführt
werden, die Auf-
schluss über ver-
schiedene Erkran-
kungen geben
können.
Foto: Karin van
Klaveren

Unterkühlungen
und Erfrierungen

Bei Hunden sprechen wir ab einer Körpertemperatur von circa 36° C und da-
runter von einer Unterkühlung. Diese
tritt dann ein, wenn der Hund zu lange
extrem kalten Temperaturen ausgesetzt
ist. Da Hunde, wie alle warmblütigen
Tiere, über recht wirksame Mechanis-
men zur Wärmeproduktion verfügen,
unterkühlen erwachsene Hunde nur bei
sehr niedrigen Temperaturen oder bei
einer allgemeinen Schwächung des Organismus. Gerade ältere Hunde und
Welpen können aber schon bei weniger
dramatischen Temperaturen leichter

Wahrscheinlich werden Sie nur selten Erste Hilfe leisten müssen. Wichtig ist, dass Sie die notwendigen Handgriffe üben, um bei einem Notfall nicht lange überlegen zu müssen.
Foto: I. Francais

unterkühlen, achten Sie hier besonders auf erste Anzeichen.

Neben einer deutlichen Absenkung der Körpertemperatur können Sie eine allgemeine Unruhe und eintretende Schwächung des Hundes beobachten.

Sorgen Sie unbedingt für eine langsame und gleichmäßige Erwärmung des unterkühlten Hundes mittels Decken, Wärmflasche oder Heißpacks. Suchen Sie bei schweren Unterkühlungen gerade bei geschwächten Tieren den Tierarzt auf.

Eine ernsthaftere Bedrohung für Ihren Hund stellen Erfrierungen dar. Hier müssen Sie die erfrorenen Körperstellen vorsichtig massieren, am besten mit Schnee oder mit in kaltem Wasser getränkten Tüchern. Erfrorene Gliedmaßen können Sie nach einiger Zeit in gefüllte Wasserbehälter stellen und die Temperatur langsam auf die Körpertemperatur steigern. Bei Erfrierungen an den Ohren umwickeln Sie diese mit feuchten Verbänden, deren Temperatur Sie ebenfalls steigern. Auf jeden Fall müssen Sie schnellstmöglich einen Tierarzt aufsuchen, der die weitere Behandlung in die Hand nimmt.

Verdauungsprobleme

Verdauungsstörungen können die unterschiedlichsten Ursachen haben. Nicht immer muss ihnen ein ernstes Problem zu Grunde liegen. Halten sie laber änger an, ist unbedingt der Tierarzt aufzusuchen. Es ist nicht beunruhigend, wenn Ihr Hund einen Tag mal keinen Stuhlgang hat. Sie sollten nicht versuchen, das Problem durch alte Hausmittelchen zu behandeln. Klären Sie lieber die Ursache. Hält die Verstopfung an, wenden Sie sich unbedingt an Ihren Tierarzt.

Ein Durchfall ist meist unproblematisch, tritt er nur ein oder zwei Tage auf, ohne von Erbrechen begleitet zu sein. Sollte der Durchfall länger als einen Tag andauern, sich nicht bessern oder dramatisch verlaufen, müssen Sie schnellstmöglich einen Tierarzt aufsuchen, denn der Elektrolyt- und Wasserverlust kann schnell zu einer inneren Austrocknung führen und tödlich enden. Gerade bei Brech-Durchfall kann es sehr schnell zu lebensbedrohlichen Situationen kommen.

Epileptische Anfälle und Krämpfe

Die Bandbreite der Auswirkungen und Schwere von epileptischen Anfällen und Krämpfen bei Hunden ist sehr weit. Sie können sowohl fast unmerklich, aber auch lebensbedrohlich für den Hund verlaufen. Es gibt einige Rassen, bei denen Anfälle häufiger beobachtet werden, jedoch können die meisten Hunde einen solchen Anfall erleben. Zu klären ist auf jeden Fall die Ursache für den Anfall.

Die Anzeichen sind einheitlich. Neben einem unkontrollierten Zucken einzelner Gliedmaßen kann es zu recht dramatischen Verkrampfungen des gesamten Körpers kommen. Die Anfälle dauern in der Regel nicht länger als ein bis zwei Minuten und bleiben in der Regel ohne Folgen.

Helfen können Sie Ihrem Hund in dieser Zeit nicht. Am besten lassen Sie ihn in Ruhe seinen Anfall durchleben, denn in dieser unkontrollierten Situation könnte er Sie beißen oder sonstwie verletzen. Die Gefahr, dass der Hund bei einem epileptischen Anfall beispielsweise seine Zunge verschluckt, ist nicht gegeben. Im schlimmsten Fall erlebt Ihr Hund eine Bewusstlosigkeit, während der er unkontrolliert Kot oder Urin ausscheiden kann. Manche Anfälle und Krämpfe verlaufen beinahe symptomlos, ohne dass Sie diese groß wahrnehmen.

An den Tierarzt sollten Sie sich trotzdem wenden, denn krampfartige Anfälle können Anzeichen für tiefer liegende Gesundheitsprobleme sein, gerade wenn sie häufiger auftreten. Auch nach einzelnen, besonders schweren Anfällen, die auch länger andauern können, müssen Sie einen Tierarzt zu Rate ziehen.

Augen

Verletzungen und Veränderungen an den Augen sind immer eine heikle Angelegenheit und sicher kein Betätigungsfeld für den Laien, sondern immer für den Tierarzt. Zu den akuten Zustände zählen sowohl Hornhautverletzungen als auch Augen, die aus der Augenhöhle herausgetreten sind. Hier sind sofortige Maßnahmen unbedingt erforderlich.

Gerötete Augen weisen auf eine Reizung hin, die durch reizende Stoffe (zum Beispiel Wasch- und Putzmittel oder ungelöschter Kalk auf Baustellen), Allergien oder Fremdkörper im Auge verursacht sein können. Wenn Sie die Ursache nicht genau kennen, versuchen Sie bitte nicht das Übel durch Spülungen mit Wasser zu beseitigen, denn Wasser kann bei bestimmten Reizstoffen zu einer Auflösung und Verteilung führen. Suchen Sie besser sofort den Tierarzt auf, der das Auge genauer untersuchen kann. Ständig tränende Augen können auf unterschiedlichste Allergien hinweisen, die genauer untersucht werden müssen.

Trübungen der Linse, der Vorfall der Nickhaut oder schlaffe, hängende Augenlider sind meist Anzeichen ernsthafterer Erkrankungen und machen einen Tierarztbesuch unabdingbar.

Bei Verletzungen des Auges muss dieses unbedingt geschlossen und feucht gehalten werden. Ein Verband um den Kopf des Hundes wird nicht halten, da der Hund diesen abzustrteifen versucht. Besser legen Sie auf das verletzte Auge einen nassen Watte-Pad und halten den Kopf selbst fest. Je nach Schwere der Augenverletzung fahren Sie zum Tierarzt oder gleich in eine Tierklinik.

Impfreaktionen

In seltenen Fällen kann es bei Ihrem Hund zu einer Überempfindlichkeit gegen einzelne Impfstoffe kommen – eine sogenannte anaphylaktische Reaktion bis hin zum Schockzustand ist die Folge. Eine Schwellung der Schnauzenregion und der Einstichstelle kurze Zeit nach der Impfung sind eindeutige Anzeichen. Bringen Sie den Hund sofort zu einem Tierarzt, der die notwendigen Gegenschritte einleitet. Die Situation ist meist nicht lebensbedrohlich, muss jedoch behandelt werden. Da die meisten Impfungen lebensnotwendig und dringend vorgeschrieben sind, können sie nicht einfach umgangen werden.

Unterrichten Sie Ihren Tierarzt vor Impfungen immer über bereits bekannte Unverträglichkeiten Ihres Hundes, damit er gegebenenfalls auf einen anderen Impfstoff zurückgreifen kann.

Allergische Reaktionen auf bestimmte Impfstoffe können vorkommen, werden Ihnen aber meist schon vom Züchter mitgeteilt, der im Alter von acht Wochen die ersten Impfungen durch den Tierarzt veranlasst. Sollte Ihr Ridgeback generell zu allergischen Reaktionen neigen, sollten Sie ihn nach dem Impfungen lieber einige Stunden zur Beobachtung beim Tierarzt lassen.
Foto: I. Francais

Mein Rhodesian Ridgeback

Platz für Ihr erstes Welpenfoto

Mein Hund heißt

Mutter   **Vater**

Züchter

Geburtsdatum

Hundemarkennummer

Besondere Kennzeichen (Tätowierung, Fellfarbe etc.)

Tierarzt   **Telefon**

Adresse des Tierarztes

Tierklinik

Besondere Termine (Impfungen, Untersuchungen)

Datum	Art	Datum	Art

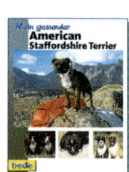